HESSISCHE BERGSTRASSE

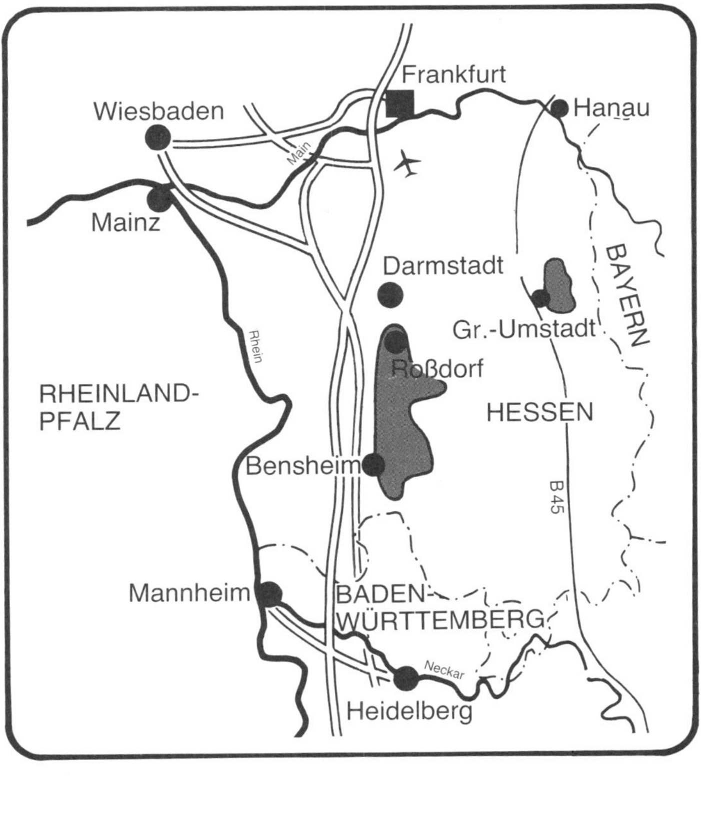

Legende der Piktogramme

■ Beschreibung der Weinberg-Lagen

- □ Hektargröße Weinberg
- [↑] Haupthimmelsrichtung
- [/] Hangneigung
- [∵] Rebsorte
- [B] Bodenart
- [C] Weincharakteristik
- [L] Großlagenzugehörigkeit

● Winzerbetriebe und Gutsschänken

- [W] Weinprobe
- [K] Kellerprobe
- [G] Gastronomie
- [☎] Telefon
- [S] Straußwirtschaft
- [A] Gutsausschank
- [R] Restaurant mit vorzüglicher Weinqualität
- [O] Öffnungszeiten
- [Z] Ruhetag
- [P] Parkmöglichkeit

▲ Übernachtungsmöglichkeiten

- [***] gehobene Hotelklasse
- [**] gutbürgerliche Übernachtungsmöglichkeit
- [*] einfache Übernachtungsmöglichkeit

Hans Ambrosi · Bernhard Breuer
Deutsche Vinothek
Hessische Bergstraße

Hans Ambrosi
Bernhard Breuer

Deutsche Vinothek

Hessische Bergstraße

Begleiter zu den Weinberg-Lagen, Winzern und ihren Küchen

Busse Seewald

Folgende Fachgebiete
wurden bearbeitet von:

CHRISTOPH PRESSER	Weinlagen und Weinstatistik
ANNELIESE AMBROSI	Redaktionelle Unterstützung
FRANZ HUBER	Odenwälder Weininseln
HANS GEORG RUPPEL	Geschichte
SIEGFRIED WEISS	Wein und Gesundheit
ELFRIEDE MICHELS	Zeichnungen

Die Deutsche Bibliothek – CIP-Einheitsaufnahme

Deutsche Vinothek : Begleiter zu den Weinberg-Lagen, Winzern und ihren Küchen. – Herford : Busse Seewald.
Früher u. d. T.: Vinothek der deutschen Weinberglagen

Hessische Bergstrasse / Hans Ambrosi ; Bernhard Breuer. –
Völlig überarb. Neuaufl. – 1991
ISBN 3-512-03040-8
NE: Ambrosi, Hans

Völlig überarbeitete Neuauflage

Lektorat: Dieter Erb
Umschlag: Ulrike Ulbrich
Satz und Druck: Busse Druck, Herford
Buchbinderei: Klemme, Bielefeld
Printed in Germany

ISBN 3-512-03040-8

Inhalt

Einführung in die Deutsche Vinothek

Der Geburtsort prägt die Art des Weines. Das wußten bereits die Griechen und Römer. Heute ist eine Unzahl von Herkünften in allen klassischen Weinbauländern der Welt genau abgegrenzt und gesetzlich festgelegt. Auf Etiketten deutscher Weine fallen häufig eigenartig klingende Bezeichnungen auf, die den Geburtsort des Weines angeben. Phantasie und Stimmung werden von Namen wie »Heppenheimer Guldenzoll«, »Bensheimer Kalkgasse«, »Schönberger Herrnwingert«, »Auerbacher Höllberg«, »Zwingenberger Alte Burg«, »Groß-Umstädter Steingerück« – um nur einige wahllos herauszugreifen – angeregt, noch bevor man den Wein an die Lippen geführt hat. Was verbirgt sich hinter diesen gern zitierten, musikalisch und rhythmisch oft so zauberhaft klingenden Namen? Sind es künstliche, aus der Phantasie geborene Wortgebilde oder ökologisch verstehbare Flächenabgrenzungen? Nun, das letztere ist der Fall, und die Deutsche Vinothek soll den Leser mit diesem Schatz bekanntmachen. Der Geburtsort eines Weines stellt ein wesentliches Merkmal für seine Eigenart und seinen Charakter dar. Je nördlicher der Geburtsort liegt, um so genauer und enger begrenzt sollte die Herkunft angegeben sein, da der Einfluß von Kleinklima, Boden und Lage stärker ist. Je enger das Herkunftsgebiet geographisch umschrieben wird, desto genauer ist die Eigenart des Weines garantiert.

Die Deutsche Vinothek gibt als Begleiter zu den Weinberg-Lagen, Winzern und ihren Küchen sowohl dem Weinliebhaber als auch dem Fachmann die Möglichkeit, seine Kenntnisse von den deutschen Weinberg-Lagen zu erweitern und zu vertiefen. Jede der ca. 2600

Einzellagen der Bundesrepublik Deutschland wird wissenschaftlich wohlfundiert und zugleich allgemeinverständlich von Fachleuten beschrieben. Größe, geologische Beschaffenheit, Bodenart und Kleinklima, Hangrichtung und -neigung, Rebsortenbesatz und die charakteristische Art der Weine sowie die Bedeutung und die Herkunft des Namens (Etymologie) werden detailliert dargestellt. So umschreibt der Begriff der »Lage«, wie auch das französische Äquivalent »terroir«, nicht nur die reinen geographischen Besonderheiten, sondern alle eben genannten vielfältigen Kriterien zusammen.

In Portugal grenzte man erstmalig 1756 gesetzlich ein Herkunftsgebiet (für Portwein) ab. In Frankreich wurden die ältesten Lagen für die Cru-Classé-Produkte der Médoc-Weingüter 1855 festgelegt.

In Deutschland geht die Entstehung der Lagenbezeichnungen zum Teil auf die Römerzeit zurück. Ihre ersten urkundlichen Erwähnungen stammen aus der karolingischen Epoche, ihre erste katastermäßige Erfassung erfolgte teilweise schon im 18. Jahrhundert, generell ab der Mitte des vorigen Jahrhunderts, und als Weinbezeichnung auf den Flaschenetiketten sind sie seit rund hundert Jahren allgemein gebräuchlich.

Das geltende deutsche Weinrecht hat besonders einschneidende und Klarheit schaffende Regelungen, die Ausgangsstufe der Weinerzeugung betreffend, nämlich all jene Angaben, die sich auf den Standort der Rebe, also auf die Herkunft des Weines beziehen, eingeführt.

Vor 1971 gab es etwa 20000 Weinberg-Lagen (Flurnamen), die aber nicht alle als Herkunftsbezeichnung auf Etiketten erschienen. Durch Zusammenfassung und sinnvolle Gliederung entstanden aus dieser Fülle 2590 Einzellagen, 150 Großlagen, 32 Bereiche und 11 Weinanbaugebiete. 1990 kamen Saale-Unstrut und Elbtal dazu.

Die deutschen Weinanbaugebiete sind nicht aus verwaltungstechnischen oder lokalpatriotischen Gründen entstanden, sondern sie bilden aufgrund der klimatischen und geologischen Bedingungen naturgegebene Einheiten, in denen Weine gleicher Art wachsen. Hätte das Weingesetz von 1971 die für die Gebiete traditionellen Rebsorten noch enger festgeschrieben, wäre für den Konsumenten ein wesentlich klareres Bild des regionalen und lokalen Weintyps entstanden. Jeder deutsche Wein muß den Namen seines Anbaugebietes als Herkunftsbezeichnung führen. Die bestimmten Anbaugebiete sind zwischen 403 Hektar (Hessische Bergstraße) und 24800 Hektar (Rheinhessen) groß. Ein Bereich umfaßt durchschnittlich 3000 Hektar. Der Bereichsname wird vor allem als Herkunftsangabe bei Weinen verwendet, die aus Lesegut verschiedener Gemarkungen hergestellt wurden.

Die Groß- und Einzellagen sind laut Gesetz bestimmte Rebflächen, aus deren Erträgen gleichwertige Weine gleichartiger Geschmacksrichtung hergestellt werden können. Die Lagennamen sind in der Weinbergsrolle kartographisch erfaßt und somit genau kontrollierbar. Die Einzellage ist die engste Bezeichnung. Sie umfaßt oft wenige Hektar, im Durchschnitt aber etwa 40 Hektar und ist oft durch natürliche Umgrenzungen wie Hecken, Gräben, Wege oder Bergrücken auch optisch bestimmt. Ist der Besitz eines Winzers in kleine Parzellen verschiedener Lagen aufgesplittert, so kann er bei der Herkunftsbezeichnung seines Weines auf die Großlage ausweichen. Eine Großlage erstreckt sich über durchschnittlich 600 Hektar und umfaßt zumeist 15 sich gleichende Einzellagen. Die Lagennamen, die in der allgemeinen Landwirtschaft Flurnamen genannt werden, sind meist mehrere Jahrhunderte alt und weingeschichtlich wie kulturgeschichtlich allgemein sehr interessant. Sie sind lebendige Gebilde, die mit ihren häufig praxisnahen Aussagen zur engsten

Lebenswelt des Winzers gehören. Die amtliche Festlegung der Lagennamen und -grenzen erfolgte Mitte des vorigen Jahrhunderts. Aus dem Durcheinander zahlloser, zum Teil auch privater und willkürlicher Namen mußten diejenigen herausgefunden werden, die durch ältestes Herkommen und allgemeinen Gebrauch die größte Berechtigung hatten. Weiterhin mußten die genauen Grenzen für jeden Namen festgelegt werden. Seit der Mitte des 19. Jahrhunderts wurde es zunehmend üblich, den Lagennamen auf dem Flaschenetikett anzugeben. Der Brauch der Lagennamen steht natürlich im Zusammenhang mit der erst vom Qualitätsweinbau eingeführten Lese unter Berücksichtigung der Lage. Nach der Entdeckung der Spät- und Auslesen ergab sich zudem die Notwendigkeit, Weine in Flaschen zu füllen und diese Flaschen genau zu bezeichnen. Das betraf jedoch damals nur die großen Adels- und Kirchengüter. Der durchschnittliche Winzer betrieb oft nur den lagennamenlosen Faßweinverkauf.

Generell gilt für den Gebrauch der Lagennamen auf Weinetiketten, daß sie nur in Verbindung mit dem Namen einer Gemeinde oder eines Ortsteils verwendet werden dürfen. Bei Lagen, die über Gemeindegrenzen hinausgreifen (manche Einzellagen, fast alle Großlagen), wird in der Regel die sogenannte Leitgemeinde gewählt.

Durch die starke Aufwertung der Lage hat beim Konsumenten ein großes Verlangen eingesetzt, mehr über die Weinberg-Lagen zu erfahren. Diesem Bedürfnis kommt die Deutsche Vinothek nach. Letztendlich wird die Qualität der Weine aber durch den Erzeuger selbst am stärksten beeinflußt. Er hat es durch die Auswahl der Rebsorte, den Rebschnitt, die Begrenzung der Menge und schließlich den Ausbau im Keller in der Hand, die Qualität zu bestimmen. Bei gleicher Entscheidung wird aber ein Wein aus der besseren Lage

die interessantere Qualität hervorbringen. Den Versuchen, Lage und/oder Erzeuger zu klassifizieren, sollte Beachtung geschenkt werden.
Jeder Band dieses Werkes umfaßt je eines der 13 deutschen bestimmten Anbaugebiete: Ahr, Mosel-Saar-Ruwer, Mittelrhein, Rheingau, Nahe, Rheinhessen, Hessische Bergstraße, Rheinpfalz, Baden, Württemberg, Franken, Saale-Unstrut und Elbtal.
Um die Freude am Entdecken der Weinbaugebiete zu erweitern, haben wir Empfehlungen uns bekannter Winzerbetriebe mit Gutsausschank, Straußen- und Besenwirtschaften und Möglichkeiten zur Weinprobe und Kellerbesichtigung mit eingeschlossen. Hinweise auf Übernachtungsmöglichkeiten findet der Leser für die meisten Weinbauorte.
Wir hoffen, mit diesem Buch vor allem den Liebhabern deutscher Weine zum Aussuchen und anschließenden Bestimmen ihrer Weine neue Informationen vermitteln zu können.

Hans Ambrosi
Bernhard Breuer

Zu diesem Buch

»Hier fängt Deutschland an, Italien zu werden!« Überwältigt von der Blütenpracht, die ihn an der Bergstraße empfing, soll Kaiser Joseph II. im Frühjahr 1764 diese Worte ausgerufen haben. Er befand sich damals auf der Rückreise nach Wien, von seiner Krönung zum Deutschen Kaiser aus Frankfurt kommend. Man kann sich vorstellen, daß die Hochstimmung des vorangegangenen Ereignisses zu einer besonderen Empfänglichkeit für die Schönheit der Natur beitrug, dennoch könnte das Einmalige und Überraschende dieser Gegend mit wenig Worten kaum treffender ausgedrückt werden.

Matthäus Merian beschreibt die Bergstraße im 17. Jahrhundert als »einen lustigen Garten, darinnen oben das Gebirg voll stattlichen Holzes, voll von Vögeln und Schnabelwild, bald darunter an den Bergen auserlesener Weinwuchs und besser hinab die schönsten Obstgärten . . .« Ein Bild, das heute noch zutreffend ist.

Mit dem Zauber der Natur verbindet sich in dieser Gegend historische Vergangenheit, und der Begriff »Kultur« wird in seinem umfassenden Sinn wieder verständlich. Daraus erwächst der Eindruck der Harmonie, dem sich auch der flüchtige Besucher nicht entziehen kann; er wird innerlich bereichert dankbar zurückdenken – oder wiederkehren.

Das vorliegende Buch hat es sich zur Aufgabe gemacht, das Weinbaugebiet »Hessische Bergstraße« zu beschreiben, wobei die »kleine Bergstraße« bei Umstadt, auch »Odenwälder Weininsel« genannt, ebenfalls gebührend beachtet werden soll. Etwas abseits gelegen, ist letztere bisher häufig zu sehr im Schatten geblieben.

Das Gebiet ist wie geschaffen zum Erwandern, Erschauen, zum Einkehren und Weinprobieren. Wir wollen hier Hinweise geben, Wanderwege durch Weinberge und Wälder aufzeigen und zu Weinstuben und Weinkellern begleiten. Geschichte und Brauchtum, Geologie und Geographie werden berücksichtigt und Sehenswürdigkeiten empfohlen.
Der Kernstück aber bildet »Die Beschreibung der Weinorte und Einzellagen«. Sie führt in die einzelnen Weinberge, gibt über ihre Namen Aufschluß, untersucht die Böden und Klimaverhältnisse, charakterisiert die dort gewachsenen Weine und gibt touristisch-gastronomische Hinweise.
Möge dieses Buch den Weinfreunden und Besuchern der »Hessischen Bergstraße« ein aufschlußreicher Begleiter sein und zugleich Anregungen bieten zu eigenen Erfahrungen und Entdeckungen in diesem »lustigen Garten« Deutschlands.

Die Herausgeber

Weinland
Hessische Bergstrasse

Überblick

Die »Hessische Bergstraße« ist eines der kleinsten Weinbaugebiete Deutschlands. Mit 403 Hektar bestockter Rebfläche hat es einen Anteil von 0,5 Prozent am deutschen Rebareal von 100000 Hektar. Geographisch liegt die »Hessische Bergstraße« in der Mitte der deutschen Weinlande, eingerahmt von Franken, Baden, Rheinhessen und dem Rheingau. Erst seit Inkrafttreten des neuen deutschen Weinrechtes 1971 erscheint auf den Etiketten der hier gewachsenen Weine die Bezeichnung »Hessische Bergstraße«.

Vor 1945 erfolgte die fachliche Beratung und Betreuung der heutigen »Hessischen Bergstraße« durch das zu »Rheinhessen« gehörende Weinbauamt Oppenheim am Rhein. Die Bergsträßer Weine wurden zum damaligen Weinland »Hessen« gerechnet, da die Bergstraße verwaltungsmäßig dem linksrheinischen Hessen zugeteilt war.

Nach der Schaffung des Bundeslandes Hessen wurde der hessische Teil der Bergstraße von Seeheim bei Darmstadt bis einschließlich Heppenheim vom Rheingau aus weinbaulich betreut. Die Etiketten dieser Weine führten nunmehr die Bezeichnung »Bergstraße«. Die Etiketten der Umstädter Weine trugen an Stelle der Gebietsbezeichnung meist nur den Namen »Umstadt«, manche noch die Zusatzbezeichnung »Odenwälder Weininsel«.

Die Weine der Badischen Bergstraße kamen teils unter der Bezeichnung »Bergstraße«, teils unter »Badische Bergstraße« in den Handel.

In Zusammenhang mit der Neufassung des Weinrechts und der präziseren Lokalisierung des Geburts-

ortes der Weine wurde die »Hessische Bergstraße« ein selbständiges Anbaugebiet, und zwar das 11. deutsche »Bestimmte Anbaugebiet«, wie die genaue, juristisch den EG-Bestimmungen angepaßte Bezeichnung lautet. Die im badischen Teil der Landschaft Bergstraße gewachsenen Weine gehören zum Bestimmten Anbaugebiet »Baden«, »Bereich Bergstraße/Kraichgau«.
Heute verteilt sich die Rebfläche der »Hessischen Bergstraße« auf 23 Einzellagen, 3 Großlagen und 2 Bereiche. Diese Begriffe sind im Kapitel »Das Weingesetz von 1971 und die Weinberg-Lagen der Hessischen Bergstraße« näher erläutert.
Die beiden Bereiche »Starkenburg« südlich Darmstadt und »Umstadt« bei Groß-Umstadt liegen rund 50 Kilometer voneinander entfernt. Sie werden daher in diesem Buch gesondert beschrieben.

Der Bereich Starkenburg

»Darmstadt hat eine artige Lage vor dem Gebirg . . . Bis Zwingenberg bleibt der Melibokus sichtbar und das schöne wohlgebaute Tal dauert. Die Weinberge fangen an, sich über die Hügel bis an das Gebirg auszubreiten . . .« So lautet eine Eintragung Goethes aus dem Jahre 1787 in seinem Schweizer Reisetagebuch.
Das Weinland an der Bergstraße südlich von Darmstadt wird seit 1971 weingeographisch »Bereich Starkenburg« genannt.
Die Ruine Starkenburg überragt weit sichtbar das Weinbauzentrum Heppenheim. Von Darmstadt die Bergstraße nach Süden fahrend, trifft man in Seeheim und Alsbach auf die ersten vereinzelten Weinberge. Bei Zwingenberg wird die Rebfläche geschlossener und bestimmt an den Hängen des hoch aufragenden Melibokus, der mit 517 m über dem Mee-

Heppenheimer Schloßberg mit Starkenburg und St.-Peter-Kirche
Die stark parzellierte Einzellage »Heppenheimer Maiberg« reicht bis in die Steillagen des Berges

resspiegel wie ein Gebirgsmassiv aus der Ebene aufsteigt, die Landschaft.
Es folgen dann die bekannten Weinorte Bensheim mit Auerbach und Schönberg, Heppenheim mit Erbach und Hambach, die in den aus dem Odenwald einmündenden Seitentälern liegen. Südlich von Heppenheim endet der »Bereich Starkenburg« an der Landesgrenze zwischen Hessen und Baden-Württemberg.

Die Landschaft

Während in den meisten Gegenden Deutschlands noch tiefer Winter herrscht, beginnt an der Bergstraße schon der Einzug des Frühlings. Den Auftakt bildet die Mandelblüte, dann vereinen sich Forsythien, Pfirsiche, Aprikosen, Kirschen und Magnolien zu einem Blütenmeer.
Als der Dichter Heinrich von Kleist im Jahre 1801 in schwerer seelischer Bedrückung die blühende Bergstraße kennenlernte, schrieb er, von der Schönheit der Umgebung tief berührt, an seine Schwester Ulrike: »Da war alles so weit, so groß, und die Lüfte wehten so warm.« –
Aus einer Zeit, da es zum Erleben weit mehr als heute gehörte, seine Eindrücke in Tagebüchern festzuhalten oder in Briefen mitzuteilen, sind uns zahlreiche Zeugnisse zum Lob und Preis dieser Landschaft erhalten. Sie haben bleibenden Wert, nicht allein durch die Namen der Persönlichkeiten, die sie niederschrieben, sondern vor allem durch ihre Unmittelbarkeit und ihre anschauliche Lebendigkeit. Eine der schönsten Schilderungen verdanken wir Johanna Schopenhauer, der Mutter des Philosophen. In ihrem Reisebericht aus dem Jahre 1816 ist zu lesen: »Jetzt, mein Freund, kenne ich auch den Garten von Deutschland, die über alle meine Erwartungen schöne, anmutige Bergstraße. Zu lange schon hatte ich mich auf ihren Anblick gefreut,

um nicht dahin zu trachten, sie nicht im Regen sehen zu müssen; ich verließ daher Darmstadt nicht eher, bis der Stand des Barometers mir gutes Wetter zusicherte und hatte wirklich das Glück, einen zwar heißen, aber sonst wunderschönen Tag zu wählen. Bei Bickenbach, wo wir aus dem Tannenwald hervortraten, erblickten wir die eigentliche Bergstraße im vollen Glanz des heiteren Morgenlichts. Vom Gipfel des mächtigen Melibokus schimmerte uns das oben erbaute weiße Häuschen wie ein leuchtender Punkt entgegen und erinnerte mich an die Bastiden bei Marseille. Auf einem anderen nahen hohen Berg erhoben sich die prächtigen Ruinen des Auerbacher Schlosses. Ähnliche Überreste alter Burgen erblickten wir ringsumher auf Höhen, zu deren Füßen freundliche Dörfer in stillem Frieden ruhten. Riesengroße Walnußbäume, Mandelbäume, Obstbäume aller Art streuten dichte Schatten auf unseren Weg, und ihre Zweige bogen sich jetzt unter der Last der noch bei weitem nicht zum völligen Wachstum gediehenen Früchte ... Überall am Wege winken blühende Gärtchen mit schattigen Lauben; es ist ein Land der Fülle und des reichsten Segens der Natur.«

Inzwischen sind Jahrzehnte der Veränderung ins Land gegangen. Wohngebiete und -siedlungen, Hochhäuser, Einkaufszentren und Industrieanlagen sind entstanden. Das Straßennetz wird immer enger. Gleich Schlagadern wirken die zwei stark befahrenen, nur wenige Kilometer voneinander getrennten, in Sichtweite der Berge verlaufenden Autobahnen.

Der wie ein Küstenstreifen von Nord nach Süd führende, von Seitentälern eingeschnittene Steilabbruch des Odenwaldes zur Rheinebene hat kaum unter dieser Geschäftigkeit gelitten oder allzu viel von seiner Anmut und Heiterkeit eingebüßt.

Zwar eng aneinandergedrängt, aber bunt und lebendig, abwechslungsreich und alles andere als langweilig, reihen sich neue Siedlungen, alte Ortskerne, Gärten, Felder, Obstanlagen aneinander, dazwischen – am stärksten die Landschaft bestimmend – die Weinberge und der Wald, vergleichbar der »Côte d'Or« – der Küste des Goldes –, dem Herzstück des Weinbaugebietes Burgund.

Noch fließen entlang der Bergstraße die Orte nicht breiartig zusammen. Begrünte Zwischenzonen trennen sie. Bachtäler werden außerhalb der Orte von der Besiedlung freigehalten, Geschoßhöhen übersteigen normale Wohnhäuser kaum, Industrieanlagen sind in die vom Verkehr erschlossene Ebene abgedrängt, die Autobahnen halten den Durchgangs- und Industrieverkehr vom Berghang weg.

Die Weinberge wirken hier anders als in großen Weinbaugebieten, wo Reben oft auf einigen Hundert von Hektaren geschlossen als Monokultur stehen. Es sind eigentlich »Weingärten«.

Abwechselnd auf leicht hängigen bis steilen Lehnen, hier geschlossen, dort wie Nischen zwischen den immer höher den Berg hinaufkletternden Villenvierteln, schmiegen sie sich an den Hang. Eingestreut in die Weingärten befinden sich dann die für die Bergstraße charakteristischen Weinberghäuschen, und wie eine schützende Kappe zieht sich als obere Abgrenzung der herrliche Hochwald hin.

Man kann sagen, daß die Landschaft hier noch nicht »ausgeräumt« ist. Die landwirtschaftlich genutzte Flur wird durch Baumgruppen und Hecken aufgelockert. Die Bachtäler zwischen den Weingärten sind im Sinne ökologischer Reservate natürlich bewachsen und begrünt. Forst- und Weinwirtschaft scheinen eng zusammenzuarbeiten. Davon werden wir noch mehr hören. Die mit Laubholz und Buschwerk unterbauten Waldränder geben den Weinlagen allerorts klimatischen Schutz; die Wanderer finden hier Kühle und Schatten.

Nach dem 2. Weltkrieg wurde die Rebfläche an der Bergstraße fast verdoppelt. Einer weiteren Ausdehnung der Anbaufläche setzt heute die dichte Besiedlung Grenzen. Etwa 70 % der Rebflächen liegen an Hängen und 30 % am Steilhang. Terrassierte Steillagen wie »Zwingenberger Alte Burg«, »Heppenheimer Steinkopf« und andere sind selten.

In den Steillagen kann die Bodenbearbeitung nur mit Hilfe der an den Schlepper angebauten Seilwinde im Zweimannverfahren vorgenommen werden. Der Arbeitsaufwand ist hoch und beträgt über 1000 Stunden pro Jahr und Hektar. In der Ebene und im Hang vermag der Schlepper die schwereren Arbeiten im Einmannbetrieb mit einem verringerten Aufwand von ca. 600–800 Stunden im Direktzug auszuführen.

Steillagen liefern in Jahren mit ausreichenden Niederschlägen die wertvollsten Weine, in trockenen, heißen Jahren kann jedoch Wasserarmut die Weinqualität beeinträchtigen. Je weniger steil der Weinberg ist, um so höher liegen die Hektarerträge, da Tallagen meist tiefgründigere Böden mit einem besseren Wasserhaltevermögen haben. Die Hektarerträge betrugen um die Jahrhundertwende nur selten 50 hl/ha. Heute bringt ein Hektar Weinberg an der Bergstraße rund 80 hl, was rund 10 000 Flaschen abgefüllten Weines ergibt. Damit liegt der Ertrag unter dem Bundesdurchschnitt, hauptsächlich wegen des kleinbeerigen Rieslings und der auf Qualität zielenden Anschnittmethode. Mit anderen Worten, der Riesling ist eine Sorte, die wenig Menge bringt, aber hohe Qualitäten garantiert. Der Rebschnitt mit einer begrenzten Anzahl Augen je Tragrute bewirkt eine weitere Mengenbeschränkung zugunsten der Erntequalität.

Dank verbesserter Anbaumethoden und auf Grund der Verwendung von selektioniertem und zertifiziertem Elitepflanzgut konnten die Erträge stabilisiert werden; außerdem wurde die Qualität des Lesegutes

bedeutend verbessert. Man verwendet weniger aggressive und nur noch pflanzenfreundliche, organisch abbaubare Schädlingsbekämpfungsmittel, die das Reblaub – also die Zuckerfabrik der Pflanze – bis spät in den Herbst hinein grün, gesund und damit assimilationsfähig erhalten.
Die Reben wachsen an der Bergstraße fast ausnahmslos an Drahtrahmen in »Normalerziehung« mit einer Zeilen- oder Gassenbreite von 1,30 bis 2,00 Meter. Flach- und Halbbogenerziehung ist üblich; die Zahl der Augen beträgt im Schnitt 10 bis 12 je Quadratmeter.

Die Winzer

Die Bevölkerung dieses Gebietes gehört ihrer Mundart nach dem Mitteldeutschen an, und zwar dem Rheinfränkischen, das hier vom Hessischen ins Pfälzische übergeht. Obwohl dieser Abschnitt der Bergstraße seit fast 180 Jahren hessisch ist und einen Teil der Provinz Starkenburg bildet, läßt sich an der unterschiedlichen Betonung in der Aussprache vieler Wörter und an bestimmten Wendungen das alte Staatengefüge erkennen: im Norden Hessen, im Süden Kurmainz und Kurpfalz.
Das Leben der Winzer an der Hessischen Bergstraße spielte sich vornehmlich in kleinen Städten ab. Heppenheim, Bensheim und Zwingenberg liegen zwar an der uralten und bedeutenden Verkehrsstraße, die von Heidelberg über Darmstadt nach Frankfurt führt, aber das Gesicht dieser Städte haben nicht Patrizier oder Kaufleute geprägt. Ackerbürger waren es vor allem, die sich die schmucken Fachwerkhäuser mit den hohen Torbogen schufen, und fast jeder von ihnen besaß mindestens einen »Wingert«. Viele bauten den Wein nicht nur für den Eigenverbrauch an, sondern eröffneten vor allem nach dem »Herbst«, d. h. nach der Lese, ihre »Straußwirtschaften«, in denen sie den neuen Wein als »Federweißen«, »Bitzler« oder »Rau-

scher« ausschenkten. Im Sommer standen und stehen die örtlichen Weinfeste an Fröhlichkeit der »Kerb« (Kirchweih) in nichts nach.
Im Laufe der Jahrhunderte zog freilich auch manch gieriges Kriegsvolk durch die Bergstraße, das die Keller plünderte und die Winzer drangsalierte. Wirtschaftliche Not zwang manchen zur Auswanderung; vor zwei Jahrhunderten in den Südosten Europas, vor hundert Jahren nach Nordamerika.

Meine Bergstraße
Was auch da draußen sie mir bieten,
die Heimat beut mir vieles mehr:
Von Mandel- und von Pfirsichblüten
ein weites, breites Blumenmeer.
Gern leere ich den vollen Becher
Aufs Wohl vom Neckar und vom Main
und stimm' im Kreise froher Zecher
Ins Lob vom Rhein- und Moselwein;
Doch wer beim unsrigen erwarmt,
Dem sprüht es prickelnd durch die Glieder,
Der schwört, wenn er die Welt umarmt:
»Bergsträßer Land, ich kehre wieder!«

Joseph Stoll (1879–1956),
Bensheim, Heimatdichter

Der Winzerbetrieb

Heute ist der Nebenerwerbsbetrieb des Feierabendwinzers für die Bergstraße typisch. Aus der Weinbauerhebung 1989/90 geht hervor, daß fast zwei Drittel der 507 Betriebe mit Weinbau im Bereich Starkenburg, das heißt im Landkreis Bergstraße ohne Bereich Umstadt, nämlich genau 378, unter einem halben Hektar Rebland besitzen:

Betriebsgröße in ha	Anzahl der Betriebe
unter 0,50	378
0,50–1,00	68
1,00–3,00	40
3,00 und mehr	21
zusammen	507

Von den 507 landwirtschaftlichen Betrieben sind 437 reine Weinbaubetriebe, die eine bestockte Rebfläche von 276 ha bewirtschaften. Die übrigen 70 sind Mischbetriebe, das heißt, sie haben zusätzlich Acker- und Feldwirtschaft oder Obstbau.

Die statistische Erhebung erfaßt nur die Winzer mit mehr als 0,05 ha Besitz; da es aber eine Vielzahl noch kleinerer Betriebe gibt, schätzt man die Gesamtzahl der Weinbauern im Bereich Starkenburg auf rund 600.

Der Schwerpunkt der landwirtschaftlich-weinbaulichen Gemischtbetriebe verlagert sich immer mehr zum Weinbau hin.

Zur Kleinparzellierung des Weinbergbesitzes kam es durch die jahrhundertelang ausgeführte Realteilung, die eine Zersplitterung nach sich zog. Je kleiner die Flächen wurden, um so schwieriger waren sie zu bearbeiten. Eine großangelegte Flurbereinigung gab es an der Bergstraße nicht. Der Neuaufbau in den Nachkriegsjahren hat sich mangels eines staatlichen Umlegungsverfahrens weitgehend in privater Initiative vollzogen.

Einer der Gründe für das Ausbleiben einer Flurbereinigung ist darin zu sehen, daß die Bergstraße von der Reblausverseuchung verschont geblieben ist, auch wenn im benachbarten Rheinhessen und in der Rheinpfalz seit Jahrzehnten Rebläuse festzustellen sind.

Die Reblaus ist als der gefährlichste Schädling im Weinbau bekannt. Als einziges Mittel gegen diesen Schädling bleibt die Anpflanzung reblausresistenter amerikanischer Unterlagenreben, auf die man europäische Sorten aufpfropft. Um auch in Zukunft einer Infektion vorzubeugen, werden seit 1952 an der Bergstraße nur Propfreben angepflanzt.

Der Markt

Produktions- und Absatzverhältnisse sind gut geordnet. 90 % der Betriebe gehören der Genossenschaft an. Die Vermarktung der jährlich anfallenden rund 3 Millionen Liter stellt kein Problem dar. Die Weine werden vor allem im eigenen Gebiet abgesetzt, den Rest nimmt der Rhein-Main-Ballungsraum auf. Die Betriebe mit einem Ausschank eigener Weine werden nach jeder Gemarkung beschrieben.

Die Winzergenossenschaft

Um die Jahrhundertwende wiederholte es sich immer wieder, daß die Winzer im Herbst durch Traubenaufkäufer um einen für ihre Arbeit befriedigenden Lohn gebracht wurden. Oft wartete man nach der Traubenlese, die sich ja nur auf wenige Tage konzentriert, vergeblich auf einen Käufer. Die Maische mußte in Ladfässern über holprige Straßen zum Teil bis nach Darmstadt und Heidelberg gefahren werden. Die Unzufriedenheit wuchs, bis man erkannte, daß die Lage nur durch einen Zusammenschluß verbessert werden konnte. Am 21. 8. 1904, es war ein Sonntag, fanden sich auf Einladung des damaligen Bürgermeisters Höhn 62 Einwohner aus Heppenheim, Hambach und Erbach im Saal des Kath. Vereinshauses in Heppenheim ein und beschlossen die Gründung des »Starkenburger Winzervereines eGenmuH Sitz Heppenheim/Bergstraße«. Herr Pfarrer Maurer aus Fehlheim und Herr Oberrevisor Strobel aus Ludwigshafen gaben Aufklärung über die Einrichtung und Führung eines genossenschaftlichen Winzervereines.

Bereits im Gründungsjahr wurden 108 647 Kilogramm Trauben abgeliefert, eine Menge, die erst 1951, nach 47 Jahren, übertroffen werden konnte. Für die Trauben wurden den Mitgliedern im Durchschnitt rund 25 Pfennig ausgezahlt. Gemessen an den damaligen Traubenpreisen ist es als Vergleich interessant, daß der Kellermeister Ittem bei Aufnahme seiner Tätigkeit einen Stundenlohn von 35 Pfennig zugebilligt bekam. Heute liegt der durchschnittliche Stundenlohn eines Kellerarbeiters sechsmal höher als der Auszahlungspreis pro Kilogramm Trauben.

Es war nicht einfach, die große Ernte abzusetzen. Vorurteile mußten überwunden werden. Von Außenstehenden gab es Schmähungen und Verleumdungen, die Qualität der Weine und die Arbeit der Genossenschaft betreffend. Doch bereits im Jahre 1905 wurde zur Förderung des Bekanntheitsgrades der einheimischen Weine die landwirtschaftliche Jubiläumsausstellung in Mainz mit Weinproben beschickt – und ein Ehrenpreis und eine silberne Medaille erzielt.

Die Entwicklung des Winzervereins verlief in den ersten drei Jahrzehnten sehr unterschiedlich. Rebkrankheiten, der Erste Weltkrieg, die nachfolgende Inflation und Weltwirtschaftskrise führten immer wieder zu Rückschlägen. 1932 wurde erstmals eine eigene Straußwirtschaft eröffnet, deren Zäpfler der Kellermeister Jakobi war. So hatte man nun die Möglichkeit, sich direkt an den Verbraucher zu wenden und diesen von der Qualität der Weine des Winzervereins zu überzeugen.

Während des Zweiten Weltkrieges und in der Zeit bis zur Währungsreform bestand der Winzerverein nur noch aus einigen wenigen treuen Traubenablieferern. Der bei Kriegsende lagernde Wein wurde größtenteils geplündert. Als im Jahre 1950 wieder eine größere Ernte zu verzeichnen war, setzte ein starker Zustrom von neuen Mitgliedern ein. Einsichtige Kräfte traten

Das Auerbacher Fürstenlager
mit gleichnamiger Weinberglage sowie
Damenbau, Prinzenbau und Wachhäuschen

für eine Verschmelzung der Winzergenossenschaft Bensheim-Auerbach mit der Starkenburger Winzergenossenschaft ein. Von dem damaligen Direktor des Ländlichen Genossenschaftsverbandes, Herrn L. Falkenstein, ermuntert, erfolgte im Jahre 1959 die Bildung der »Bergsträßer Gebietswinzergenossenschaft«. Die Planung eines Neubaus in Heppenheim an der B 3 wurde vorangetrieben; schon im Jahre 1959 begann man mit dem 1. Bauabschnitt. Der Most dieses sehr guten Jahrganges, noch im Amtshof gekeltert, konnte bereits im neuen Keller vergoren werden. Im August 1960 wurde der Keller eingeweiht. Das Fiasko wäre nicht auszudenken gewesen, wenn es bei der Rekordernte 1960 den neuen Keller nicht gegeben hätte. Die Kapazität mit über 600 000 Litern reichte dennoch nicht aus; es mußten 100 000 Liter Wein provisorisch eingelagert werden. Man konnte es fast als Glück bezeichnen, daß die Natur sich in den beiden Folgejahren selbst etwas korrigierte und es nur kleinere Ernten gab.
Inzwischen ist die Bergsträßer Gebietswinzergenossenschaft zu einem stattlichen Betrieb angewachsen und stellt heute die größte Weinkellerei in Hessen dar. 8 Millionen Liter Wein können heute in den Kellern und Flaschenlagern aufbewahrt werden. Die Aufnahmemöglichkeit entspricht mehr als zwei durchschnittlichen Jahresernten aus den Weinbergen der Mitglieder.
Eine Rebfläche von über 300 Hektar wird von 600 Mitgliedern vorwiegend im Nebenberuf bewirtschaftet.
Das Erfassungsgebiet beginnt südlich von Darmstadt bei Alsbach und Zwingenberg und umfaßt die bekannten Weinorte Auerbach, Bensheim, Heppenheim bis hin zur benachbarten Badischen Bergstraße, wo in Laudenbach fast alle Winzer der Genossenschaft angehören, und somit wird auch badischer Wein mitbetreut.

Heute erwarten den Besucher ein Probier- und Verkaufsraum, Räumlichkeiten für Weinproben und ein Vortragsraum im ersten Stock, wo der Interessierte in einer Dia-Schau detaillierte Informationen über den Bergsträßer Wein erhalten kann. Gute Parkmöglichkeiten sind vorhanden.

Der Weinbauverband Hessische Bergstrasse

Der Weinbauverband Hessische Bergstraße ist die berufsständische und wirtschaftspolitische Interessenvertretung der Weinerzeuger im Weinbaugebiet Hessische Bergstraße.
Nach Beendigung des 2. Weltkrieges wurde Ende des Jahres 1945 als erster regionaler Zusammenschluß von Winzern aus allen Orten der Hessischen Bergstraße der Weinbauverband Bergstraße gegründet. In den Jahrzehnten vorher gab es auf örtlicher Ebene nur einige lose Vereinigungen, welche sich um die Belange der Winzer kümmerten. Oft blieben diese auf Privatinitiativen beschränkt. In der Hauptsache bemühten sich die Städte und Gemeindeverwaltungen, den Weinbau auf geeignete Art zu fördern, insbesondere durch die Gestaltung von Winzerfesten und sonstigen Weinwerbeveranstaltungen. Man hatte frühzeitig erkannt, daß der Weinbau für den Fremdenverkehr attraktiv ist und eine der Grundvoraussetzungen für eine gepflegte Landschaft an den Westhängen des Odenwaldes darstellt.
Der Tätigkeitsbereich des Weinbauverbandes Bergstraße erstreckte sich nur auf den hessischen Teil des Weinbaugebietes Bergstraße, das auch den badischen Teil der Bergstraße bis zu den Weinorten Wiesloch-Rauenberg umfaßte. Als bei dem Inkrafttreten des neuen Weingesetzes im Jahre 1971 der badische Teil als Bereich Badische Bergstraße-Kraichgau dem Weinbaugebiet Baden zugeordnet wurde, entstand das neue

Weinbaugebiet Hessische Bergstraße. Zu diesem Zeitpunkt erfolgte die Umbenennung des Weinbauvereins in Weinbauverband Hessische Bergstraße.
Die Aufgaben des Verbandes sind vielfältig und sicher nicht minder umfangreich als bei den Gebietsverbänden der großen Weinbaugebiete. In erster Linie werden durch geeignete Maßnahmen die Hebung und Förderung des Weinbaus und der Kellerwirtschaft der Weinbaubetriebe angestrebt. Hierzu gehören individuelle Beratung, Aufklärung durch Versammlungen, Lehrfahrten, Gemarkungsrundgänge, regelmäßige Winzerstammtische mit Aussprache und vieles mehr. An zweiter Stelle steht die Vertretung der wirtschaftlichen Interessen des Weinbaus. Obwohl der Weinbau in den einzelnen Weinorten recht augenfällig in Erscheinung tritt, ist seine wirtschaftliche Bedeutung in dem Industrieballungsgebiet nur gering. Die Erhaltung der Rebflächen in ihrer Geschlossenheit gegenüber den verschiedensten Interessen ist oberstes Ziel. Der stete Kontakt und die Zusammenarbeit mit allen zuständigen Behörden und Institutionen erfordern einen erheblichen Zeitaufwand.
Eine weitere wesentliche Aufgabe ist die Werbung für den Bergsträßer Wein. Es gibt in dem kleinen Gebiet keine besondere für die Weinwerbung zuständige Vereinigung, so daß alle hierzu notwendigen Maßnahmen durch den Weinbauverband erfolgen. Da der größte Teil der Bergsträßer Weine innerhalb des Erzeugungsgebietes und dessen unmittelbarer Nähe getrunken wird, liegt auch hier der Werbeschwerpunkt. Durch attraktive Gestaltung der Winzerfeste, durch Weinprämierungen, Weinkosthallen, Weinprobierstände, unterstützt durch viele Weinproben und den Einsatz der Weinkönigin, versucht der Weinbauverband den Verbraucher immer wieder auf den Bergsträßer Wein aufmerksam zu machen.
Ein zusätzliches Aufgabengebiet entstand mit der

»Zwingenberger Steingeröll«
mit katholischer Kirche und Melibokus

Umstellung der Weinberge auf reblausresistente Pfropfreben. Hierzu wurden bereits im Jahre 1960 Rebenaufbaupläne erstellt und die Rebflächen klar abgegrenzt. Der Weinbauverband ist gleichzeitig die Umstellungsgemeinschaft für das gesamte Weinbaugebiet, und über ihn erfolgt die finanzielle Abwicklung der Rebenaufbaumaßnahmen. Erwähnenswert war die Tatsache, daß mit maßgeblicher Unterstützung und freiwilliger Mithilfe der Mitglieder im letzten Jahrzehnt in Zehntausenden von Arbeitsstunden rund 50 Kilometer Weinbergwege ausgebaut wurden.
Die Zahl der Mitglieder wuchs von 100 im Jahr der Gründung innerhalb von 10 Jahren auf 250 und bis heute auf über 600. Bis heute ist es gelungen, die gesamte anfallende Arbeit aufgrund des großen persönlichen Einsatzes des Vorstandes ehrenamtlich zu bewältigen, und man hofft, daß sich auch weiterhin genügend Idealisten finden werden.
Anschrift: Weinbauverband Hessische Bergstraße, Königsberger Straße 4, 6148 Heppenheim, Telefon 06252/77101.

Das Staatsweingut

Seine Anfänge gehen zurück auf Versuchs- und Musterparzellen der Großherzoglichen Verwaltung von Hessen-Darmstadt. 1904 wurden auf Veranlassung der Weinbauschule Oppenheim die ersten Weinberge gerodet, und zwar in der »Bensheimer Kalkgasse« und im »Auerbacher Fürstenlager«; 1907 erfolgte die Rodung in der Lage »Heppenheimer Steinkopf«. Bis 1946 wurde das Gut (7,5 ha Rebfläche) von der Weinbaudirektion Mainz aus geleitet, wo die Weine auch ausgebaut und versteigert wurden. 1951 erfolgten mit der Arrondierung eine wesentliche Vergrößerung der Rebfläche und der Ankauf der jetzigen

Kellerei- und Bürogebäude in Bensheim. 1970 kam der 15 Hektar große »Hessische Rebmuttergarten« dazu. Dieser wurde 1927 von der Weinbauschule Oppenheim gegründet und ab 1945 von der Landwirtschaftskammer Frankfurt/Main verwaltet.

Heute ist es mit fünf Rheingauer Weinbaudomänen in der Verwaltung der Staatsweingüter in Eltville zusammengeschlossen und untersteht dem Hessischen Landwirtschaftsminister in Wiesbaden. In der internen Betriebsführung ist es weitgehend selbständig. Sein jetziger Betriebsleiter ist Heinrich Hillenbrand; er gehört der bekannten Bensheimer Familie Hillenbrand an und hält durch seinen Beruf als vierter Gutsverwalter eine Tradition aufrecht. Der Onkel Josef Hillenbrand verwaltete 1939–1971 das Staatsweingut Bensheim, ein zweiter Onkel, Jean Hillenbrand, war 1927–1968 im Rebmuttergarten tätig, und der Großvater Johann Hillenbrand leitete 1904–1939 das Staatsweingut. Eine einzigartige Generationsfolge.

Die fünf Einzellagen »Heppenheimer Steinkopf« (3,5 ha), »Heppenheimer Centgericht« (18,0 ha), »Bensheimer Streichling« (4,1 ha), »Bensheimer Kalkgasse« (2,5 ha), »Schönberger Herrnwingert« (10,0 ha) machen eine Gesamtgröße von 38,1 Hektar Rebfläche aus.

Die Aufgabe dieser staatlichen Weinbaudomäne ist es, durch Muster- und Beispielfunktion modernen Qualitätsweinbau vorzuführen. Versuchstätigkeit wird nur so weit vorgenommen, als sie die Wirtschaftlichkeit nicht gefährdet. Es handelt sich also nicht um eine staatliche Versuchsanstalt, sondern um einen nach ökonomischen Prinzipien geführten Wirtschaftsbetrieb. Mit 38,1 Hektar Rebfläche ist es mit Abstand das größte Weingut an der Bergstraße und erfüllt damit auch preisstabilisierende, marktpolitische Aufgaben. Das Flaschenetikett führt den stilisierten Domänenadler gleich den Rheingauer Staatsweingütern.

Die Kellerei hat eine Lagerkapazität von 400 000 Litern, davon die Hälfte in Holz und 180 000 in Flaschen. Der Rebsortenspiegel setzt sich aus 75% Riesling, 15% Weiß-, Grau- und Blauer Spätburgunder sowie 10% Müller-Thurgau, Gewürztraminer und Scheurebe zusammen.
Einmalig im Weinbaugebiet sind die jeweils im Oktober stattfindenden Versteigerungen der Spitzen-Weine und Weinraritäten des Staatsweingutes. Der Anteil an Gastronomie und Letztverbrauchern am Weinverkauf ist gebietsmäßig bedingt hoch.
Informative Betriebsführungen und Weinproben werden nach vorheriger Anmeldung durchgeführt.

Der Bereich Groß-Umstadt

Diese kleine eigenständige »Odenwälder Weininsel« mit dem Zentrum Groß-Umstadt ist nur Kennern der geographischen Weinkarte bekannt. Der Grund hierfür mag vor allem in ihrer flächenmäßig geringen Bedeutung liegen (rund 100 Hektar bepflanzbarer Rebfläche, von der zur Zeit 60 Hektar bestockt sind), aber auch in dem ausgewogenen Verhältnis von Anbau und Verbrauch. Da diese »Kleine Bergstraße« nur den engsten Heimatbereich mit dem bodenständigen Wein versorgt, tritt sie auf dem Weinmarkt nicht in Konkurrenz zu den großen Weinbaugebieten. Die Winzer haben keine Absatzschwierigkeiten und können selbstgefällig sagen: Was wir ernten und ausbauen, wird auch bei uns getrunken! Gerne verweilen die Wochenendurlauber und die Sonntagsausflügler aus den städtebaulichen Ballungsräumen der Darmstädter, Frankfurter, Offenbacher und Hanauer Region auf der Rückreise von den Odenwälder Erholungsgebieten bei einem Schoppen Wein in den zahlreichen Gaststätten dieses kleinen Weinbaugebietes.

Die Landschaft

Während die Weinberge des Bereichs Starkenburg an den Abhängen des vorderen (Granit) Odenwaldes zur Rheinebene liegen, klettern die Rebhänge des »Bereichs Umstadt« aus der Untermain-Ebene (hier »Dieburger Bucht« genannt) zum hinteren Odenwald (Buntsandstein) hinauf. Drei Täler durchschneiden im Osten von Groß-Umstadt die Bruchstufe der »Kleinen Bergstraße« in West-Ost-Richtung.

Nach 2 bis 3 Kilometern enden sie am Quellhorizont der Buntsandsteinformation des hinteren Odenwaldes, aus dem die drei Talbäche gespeist werden. Am Nordhang dieser Täler erstrecken sich in geschützter Süd- bis Südwest-Exposition die Weingärten der drei Umstädter Lagen: der »Stachelberg« im Norden, der »Steingerück« in der Mitte an den steilen Hängen des Raibacher Tales und der »Herrnberg« im Süden im weitläufigen Tal des Wächtersbaches.

Von diesen Weinbergen geht der Blick über Groß-Umstadt hinweg auf die vor dem Beschauer sich ausbreitende Dieburger Bucht. Diese landwirtschaftlich intensiv genutzte fruchtbare Lößebene wirkt, von Ortschaften, Gehöften, Baumgruppen und Hecken aufgelockert und von Straßen durchzogen, immer noch ländlich wohlgeordnet.

Bei günstigen Wetterbedingungen sind im Nordwesten in Richtung des 50 Kilometer entfernt gelegenen Frankfurts, jenseits der Untermain-Ebene, die Höhen des Hochtaunus mit der flacheren Abdachung zum Rheingaugebirge zu erkennen.

Im Westen, gegen das 20 Kilometer entfernt gelegene Darmstadt hin, grenzen die bewaldeten Kuppen des

Messeler Hügellandes die Bucht ab. Hier liegen die weltberühmten paläozoologischen Fundstätten aus dem Eozän des Messeler Ölschiefers (»Messeler Urpferdchen« und andere Wirbeltiere). Bei klarer Sicht kann man hinter den Messeler Bergen die linksrheinischen Höhenzüge erkennen.
Im Süden schließt das wellige Reinheimer Hügelland die Bucht ab. Dahinter erheben sich im Südwesten die Kuppen der Bergstraße und die Granitrücken des Vorderen Odenwaldes mit der Neunkircher Höhe (605 m) als der höchsten Erhebung des nördlichen Odenwaldes. Der Basaltkegel des Otzberges (368 m) mit seiner Burg und dem sich daran anschmiegenden Ausflugsort Herig kennzeichnet den Übergang zum hochflächigen Buntsandstein-Odenwald sowie zur Bruchstufe der »Kleinen Bergstraße«, die im Osten das Umstädter Land prägt.

Die Winzer

Die Mundart, die in der Odenwälder Weininsel gesprochen wird, gehört zum Rheinfränkischen. Auch hier ist die Nachbarschaft zu dem oberdeutschen Dialekt des Pfälzischen unverkennbar.
Die Verknüpfung von Sprach- und Kulturraum war in der Vergangenheit viel enger.
Heute können nur noch Dialekt und Gehöfttyp als besondere Merkmale dieser ehemals geschlossenen Bevölkerungsgruppe der Binnenfranken zwischen Odenwald und Main aufgeführt werden.
Im Raum der Odenwälder Weininsel ist der Dreiseithof als typisches fränkisches Erbe noch anzutreffen. Dieser historische Gebäudetyp mit der mächtigen Scheune und den weitläufigen Stallungen gibt heute noch Auskunft über den Wohlstand seiner Bewohner, der jedoch nie vom Weinbau als Haupterwerbsquelle getragen wurde. Dieser spielte in der Gesamtbetriebs-

struktur eine untergeordnete Rolle. Wer etwas auf sich hielt, besaß einen Weinberg, mehr als Statussymbol, weniger als Erwerbsquelle, doch mit Stolz auf das Produkt.

Aus der Weinbauerhebung von 1989/90 geht hervor, daß über 80% der 109 Betriebe im Bereich Starkenburg, nämlich genau 89, unter einen halben Hektar Rebland besitzen.

Betriebsgröße in Hektar	Anzahl der Betriebe
unter 0,5 ha	89
0,5–1 ha	6
1–3 ha	10
3 ha und mehr	4

Es fällt auf, daß nur vier Betriebe mehr als 3 Hektar Weinberge besitzen, die Mindestfläche, um davon ohne Nebeneinkünfte leben zu können. Hier herrscht also der weinbauliche Kleinstbetrieb vor, wie kaum anderswo in der Bundesrepublik.
Wirtschaftliche Gesichtspunkte scheinen nicht den Hauptanreiz dafür zu geben, sich nebenberuflich mit dem Weinberg zu beschäftigen. Vielmehr spielen gesellschaftliche und kulturhistorische Gründe eine bestimmende Rolle.
Die Pflege der Reben wird zum Symbol für Fleiß, Ordnungsliebe, Pünktlichkeit und Können. Der Vergleich mit dem Nachbarn und heimlichen Konkurrenten spornt an.
Dazu kommt der Erholungswert der Arbeit im Weinberg, sei es als Ersatz für eine sportliche Betätigung, als ausgleichende Beschäftigung nach Feierabend oder als angemessenes Teilhaben am »Produzieren« zur Erhaltung des Selbstwertgefühls nach dem Ausscheiden aus der Berufswelt. Die kleinen Parzellen in den drei Weinbergslagen können ohne lange Anfahrtswege bequem

erreicht werden, und die Arbeit im Weinberg erstreckt sich in verschiedenen Phasen fast über das ganze Jahr hin. Die gesamte Familie kann daran teilnehmen, was den Freizeitwert noch erhöht. Schwere Bodenbearbeitungen werden meist in Lohnarbeit von denjenigen Winzern durchgeführt, die eine größere Fläche bestockt haben und somit über eine ausreichende Maschinenausstattung verfügen.

Das Versuchsgut

Es wurde 1927 als »Muster- und Versuchsanlage für Obst-, Gemüse- und Weinbau« von der Landwirtschaftskammer des Volksstaates Hessen gegründet. Moderne Erziehungsarten, die den Maschineneinsatz ermöglichten, sachgemäße Bodenbearbeitung und Pflanzenschutzmaßnahmen haben die Hektar-Erträge stark erhöht. Dank neuzeitlicher Kellertechnik wurden Weine erzeugt, die den Produkten der meisten Winzer überlegen waren. Der Zweite Weltkrieg zerstörte diese hoffnungsvollen Anfänge tiefgreifend, so daß nach Beendigung des Krieges von neuem mit Förderungsmaßnahmen und intensiver Beratung begonnen werden mußte. Bei der Gründung der Odenwälder Winzergenossenschaft standen Leiter und Mitarbeiter des Versuchsgutes mit ihrem Wissen beratend zur Seite. Flurbereinigungen in den Lagen »Herrnberg« 1961/62 und »Stachelberg« 1973/74 waren dann nur die logischen Folgen einer neu eingeleiteten Entwicklung. Heute untersteht das »Versuchsgut für Wein- und Obstbau«, wie es seit 1970 heißt, dem Lande Hessen, und zwar dem Ministerium für Landesentwicklung, Wohnen, Landwirtschaft, Forsten und Naturschutz.
Es hat sich zu einer nicht mehr wegzudenkenden Beratungsstelle für den Umstädter Wein- und Obstbau entwickelt. Wirtschaftshof mit Kellerei und Weinverkauf liegen, wenn man von Dieburg kommt, auf der

linken Seite der B 45, zwei Kilometer von Groß-Umstadt. Die 2,3 Hektar Weinberge befinden sich in der Lage »Steingerück«. Das Gut finanziert sich aus dem Weinverkauf ohne staatlichen Zuschuß, wobei der Obstbau mitgetragen wird.
Im Anbau befinden sich 40% Riesling, 26% Müller-Thurgau, 18% Silvaner, 4% Gewürztraminer, 4% Scheurebe, 4% Kerner und 4% Faber. Das traditionelle Flaschenetikett symbolisiert in schlichter Ausstattung die Zugehörigkeit des Versuchsgutes. Der rot-weiß gestreifte hessische Löwe signalisiert den Staatsbetrieb, das Dreiturmwappen der Stadt Groß-Umstadt den Standort.

Die Winzergenossenschaft

Die »Odenwälder Winzergenossenschaft« wurde am 12.8.1959 von 32 Winzern gegründet. Das Ziel war, durch den Zusammenschluß einen qualitativ konkurrenzfähigen Wein zu produzieren. Die Kellereinrichtungen der Klein-, Freizeit- und Nebenerwerbswinzer waren unzureichend, der Wein mußte oft den Lagerplatz mit anderen garten- und ackerbaulichen Produkten teilen, die den »Kellerton« des Weines mitbestimmen. Eine qualitative Verbesserung hätte enorme Investitionen erfordert.
Der Preisverfall bei Zwangsverkäufen von Trauben und Mosten als Folge mengenmäßig üppiger Ernten bestärkte das Verlangen nach einer den Weinmarkt stabilisierenden Organisation.
Das Gründungsjahr brachte eine qualitativ außergewöhnliche Weinernte. Der Jahrgang 1959 mit seinen hohen Oechslegraden, sauber ausgebaut, einem breiten Publikum angeboten, qualifizierte die Genossenschaft mit einem Schlag. 1960 folgte wiederum eine mengenmäßig außergewöhnliche Lese, die als Jahrgang der »Weinschwemme« Weingeschichte schrieb.

»Groß-Umstädter Herrnberg«
mit Weinbergshäuschen

Viele Winzer mußten durch die voll ausgelastete Lagerkapazität aus dem Jahr 1959 Lesegut verkaufen oder der Genossenschaft beitreten. Als der Abnahmepreis bei der Genossenschaft für 1960 mit 43,– DM pro Zentner feststand, wurde vielen Winzern der Preisverfall auf dem Traubenmarkt schmerzlich bewußt: dort wurden 17,– DM pro Zentner gezahlt. Die Mitgliederzahl stieg rasch und hat bis 1991 den Stand von 150 erreicht. Die Lagerkapazität beträgt rund 625 000 Liter, eine Durchschnittsernte liegt bei 230 000 Litern. Das Flaschenetikett der Winzergenossenschaft zeigt den historischen Marktplatz der Stadt Groß-Umstadt mit Rathaus, Stadtkirche und dem Vierröhrenbrunnen, »Biet« (Bütte) genannt. Im Hintergrund über der Silhouette der Stadt sind die Rebhänge der »Kleinen Bergstraße« angedeutet. Im Zentrum steht das Wappen der Hauptweinbaugemeinde Groß-Umstadt, flankiert von der beiden Wappen von Klein-Umstadt (links) und Richen (rechts). Die Weinpreisliste lockt mit dem Symbol der Einkaufsstadt Groß-Umstadt: dem Prunkportal des Rathauses mit Weintraubensymbol. Die Mitglieder bauen auf 29 Hektar (das sind 49% der bestehenden Anbaufläche des Bereichs Umstadt) 45% Müller-Thurgau, 27% Riesling, 20% Silvaner, 3,5% Kerner, 3% Bacchus und 1,5% Portugieser an.

Der Weinbauverein

Der Weinbauverein entwickelte sich aus einer lockeren, seit 1935 regelmäßig zusammenkommenden Vereinigung von Winzern und Liebhabern des Umstädter Weins, die den Weinbau nicht nur ökonomisch bewerteten, sondern vor allem seine kulturelle, gesellschaftsbestimmende, heitere Seite betonten. Es waren Genießer mit Stammtischstrategie.

Diese »Interessengemeinschaft für den Umstädter Weinbau«, wie die Vereinigung sich anfangs nannte, organisierte später Lehrfahrten, lud Fachberater zu Lehrgängen in die Weininsel ein und förderte das Interesse für den Leistungsvergleich in öffentlichen Weinproben. Schließlich gelang es, ein Winzerfest mit öffentlicher Weinprobe an den traditionellen Pferdemarkt anzuschließen. Dieser hat sich inzwischen zu einem Herbstmarkt der allgemeinen Leistungsschau Umstädter Betriebe entwickelt, wobei die Betonung heute auf dem Winzerfest liegt. Es wird jedes Jahr am ersten Sonntag nach dem 15. September gefeiert und lockt zahlreiche Besucher in die Weininsel. Manch einer wird von der besonderen Stimmung dieser Weinlandschaft eingefangen und macht die Erfahrungen der Vergangenheit auch heute wahr:

»Wer oamol in Umstadt wor, kimmt wirrä!«

Bei der Gründung des Weinbauvereins 1970 entspann sich von neuem eine Diskussion über die Zuordnung des Umstädter Weinbaugebietes mit unterschiedlichen Vorschlägen. Die Vertreter eines Anschlusses an das fränkische Weinbaugebiet, das nur wenige Kilometer entfernt im Nordosten beginnt, dachten vor allem an die Bocksbeutelabfüllung und das hohe Preisniveau. Die Anhänger der Zuordnung zum Hessischen Weinbaugebiet führten geographisch-geologische Gründe an und wiesen auch auf die politische Raumordnung und Administration hin. Eine dritte Gruppe machte den grotesk klingenden Vorschlag, ein eigenes Gebiet zu beantragen, das den Namen »Rheinfranken« haben sollte; zwei renommierte Weinbaugebiete im Osten und Westen sollten als Paten die Position der Odenwälder Weininsel fördern. Wegen der geringen Ausdehnung des Umstädter Weinbaus wurde dieser Vorschlag nicht weiter diskutiert.

Anschrift des Weinbauvereins:

Umstädter Weinbauverein, Geschäftsstelle: Lehr- und Versuchsgut, 6114 Groß-Umstadt, Telefon 06078/2611 (nur vormittags).

Geschichte des Weinbaus im Bereich Starkenburg

Als die Römer, vom Rhein her kommend, nach Norden in das von germanischen Sueben besetzte Gebiet vorstießen, bauten Legionäre entlang der Odenwaldberge eine etwa 50 Kilometer lange, feste Straße, die »via strata montana« (lat. für Bergstraße). Diese wichtige Verbindungsstraße zwischen Neckar und Mainebene beginnt kurz hinter Darmstadt und führt bis Heidelberg, immer dem Fuß des Odenwaldes folgend. Von ihr haben Landschaft und Kreis ihren Namen erhalten. Daß an den sonnigen Hügeln der Bergstraße die ersten Reben von den römischen Veteranen, deren Villen und Gutshöfe in diesem Gebiet durch Funde mehrfach nachgewiesen sind, angepflanzt wurden, darf mit großer Wahrscheinlichkeit angenommen werden.

Bergstrasse – Verkehrsstrasse

Als Verkehrsstraße erwähnt, begegnet uns die Bergstraße urkundlich erstmals im Jahre 795 unter der Bezeichnung »Strata publica, que ducit de pago lobodonense«, das heißt »Öffentliche Straße, die vom Lobdengau kommt«. Damit ist das Gebiet um Ladenburg in Baden gemeint, das ehemals Lopodonum genannt wurde und sich als Sitz fränkischer Gaugrafen bis nach Südhessen erstreckte.

Bei der Verleihung des Forstbannes (= Verbot für Unberechtigte, einen Forst zu nutzen) Forehai (= Föhrenwald, Gebiet zwischen Neckar, Rhein und Odenwald) durch Kaiser Heinrich II. an das Bistum Worms im Jahre 1002 erscheint sie als »montana platea« (= bergische Straße).

Als Heinrich II. im Jahre 1012 der Abtei Lorsch den Forstbann Odenwald als Lehen übergab, bildete die

»platea montium«, wie die Bergstraße hier genannt wird, die Grenze gegenüber dem Forehai (Quellen hierzu: Wormser Kopialbuch und Urkunden im Staatsarchiv Darmstadt). Seit Mitte des 13. Jahrhunderts tauchen folgende Bezeichnungen auf: 1241 Bergstrata, 1280 Bergstratia, 1354 Bergstrazze; bereits 1380 trägt sie ihren noch heute gebräuchlichen Namen.
Um 1840 erschien A. L. Grimms Beschreibung »Die malerischen und romantischen Stellen der Bergstraße in ihrer Vorzeit und Gegenwart«. Durch dieses illustrierte Werk wurde der Bergstraße ein bleibendes Denkmal gesetzt. Darin heißt es: ». . . so glauben wir doch, der goldenen Mittelstraße folgend, daß unter diesem Namen diejenige Gegend zu verstehen sei, welche sich auf die Strecke zwischen Darmstadt und Heidelberg von den Vorhöhen des Odenwaldes nach der Rheinebene hin ausdehnt.« Und weiter: »Die Straße selbst, welche der Gegend, die sie durchzieht, den Namen gegeben hat, ist unstreitig die wichtigste Kommerzial- und Reisestraße, die den Norden von Deutschland mit dem Süden verbindet. Sie hat ihren Namen nicht davon, weil sie etwa über die Berge selbst hinzöge, sondern weil sie sich längs dem Zuge des Gebirges hinwindet, dessen Fuß sie auch erst bei Zwingenberg berührt, und von da bis Heidelberg verfolgt.«
Im Mittelalter hatte das 764 unweit der Bergstraße gegründete Kloster Lorsch für die kulturelle Entwicklung der Gegend, insbesondere den Weinbau, große Bedeutung. Das gilt vor allem für die Städte Heppenheim und Bensheim.

Heppenheim

Die erste Erwähnung des Weinbaus in Heppenheim ist für das Jahr 773 bezeugt, als Kaiser Karl den Ort Heppenheim mit allem dazugehörigen Besitz, zu dem auch Weinberge zählten, der Abtei Lorsch vermachte. Der Wortlaut dieser Schenkung ist im berühmten Lorscher

»Heppenheimer Eckweg« an der »Sparer Rast«

Kodex festgehalten, einer Handschrift aus dem 12. Jahrhundert, bestehend aus Urkundenabschriften, die heute im Bayerischen Hauptarchiv in München aufbewahrt wird. Der Lorscher Kodex bringt in seiner sechsten Urkunde (CL 6) den Text, wie ihn der Chronist des Klosters nach dem Original festgehalten hat. Hier werden auch erstmals Weinbergslagen genannt, darunter »Ecgenuuege« – Eckweg, und damit haben wir den Beweis, daß für den Weinbau in der Gemarkung Heppenheim von Anfang an die gleichen Lagen bevorzugt wurden wie in der Gegenwart.

Einen schweren Schlag erlitt der Weinbau um die Mitte des 13. Jahrhunderts. Als im Jahre 1243 König Konrad IV. gegen Erzbischof Siegfried von Mainz zu Felde zog, belagerte er mit Hilfe der Wormser Bürger die Starkenburg. Auf seinen Befehl hieben sie die Weinstöcke aus, und die Winzer wurden in große Not gestürzt; es muß Jahre gedauert haben, bis die neu angepflanzten Reben wieder den ersehnten Ertrag brachten.

Wir verweisen auf eine Quelle aus dem folgenden Jahrhundert: Dieser zufolge schenkten am 15. Oktober 1327 der Burgmann Rüdeger von Schillinbuch (Schöllenbach) und Hedwig, seine Frau, »um Gottes und des hl. Nazarenus willen« dem Probst und Konvent des Klosters Lorsch ihre Güter und Einkünfte in der Gemarkung Heppenheim, bestehend aus Haus, Hof liegenden Gütern wie Äcker, Weingärten, Wiesen, Zinsen und anderem Gut (so in: Staatsarchiv Darmstadt, Bestand C 1 Nr. 6, Bl. 377).

Im 16. Jahrhundert erreichte der Weinbau seine größte Ausdehnung (nach F. Koob, Zur Geschichte des Heppenheimer Weinbaues, in: 1200 Jahre Mark Heppenheim, S. 84). Mit der zunehmenden wirtschaftlichen Bedeutung des Weinbaus in der damaligen Zeit wuchs natürlich auch die Versuchung, die erhaltene Weinmenge noch zu strecken. So überliefert uns das Heppenheimer Rugzentbuch (Rugzent = Rügegericht) im

Staatsarchiv Darmstadt, Bestand C 4 Gerichtsbuch Heppenheim Nr. 1: »uff mittwoch nach Luce evangeliste (= Oktober 21) im jar 1506 hat myen juncker Philips von Baltzhoffen, burggraff zu Starckenburg, und Heyntz von Swynsberg, Keller zu Heppenheym, ruggcent gehalten ...: Bringen für, wie der metzler Baras und syn knecht ... syn uneyns worden ...; do hot der schumecher gesagt, ich hab nit gethan als du, du host funf eymer voll wassers im win gethan ...«

Als sich nach dem Dreißigjährigen Krieg die zerrütteten Verhältnisse wieder etwas zu ordnen begannen, verfügte der Kurfürst von Mainz die Erneuerung der Bücher, in denen Besitz und Vermögensstand der Untertanen beschrieben waren; es ist die sogenannte Renovation, zu deutsch: erneute Aufstellung oder Erneuerung. Belegt wird dies im Staatsarchiv Darmstadt, C 2 Salbücher Starkenburg Nr. 47c: »Der Statt Heppenheim und zugehörige Dorfschaften Renovation Ao 1668« gibt uns eine Übersicht über die Weinberglagen in der Reihenfolge der Morgenzahl (1 Morgen = 2500 qm), die wir auszugweise wiedergeben:

Ofenberg (alle Lagen)	58,41 Morgen
Eckweg+) (alle Lagen)	38,73 Morgen
Schloßberg+)	32,38 Morgen
Bernel	27,87 Morgen
Landberg	24,84 Morgen
Stemmler+)	22,81 Morgen
Bombach	20,25 Morgen
Unkental	18,40 Morgen
Maiberg	18,34 Morgen

(Mit einem +) sind die heute noch bestehenden Lagen gekennzeichnet.)

Kauf- und Verkaufsprotokolle beweisen, daß der Weinbau zu Beginn des 18. Jahrhunderts eine bedeutende Rolle gespielt hat. So erwähnt ein Kauf- und

Verkaufsprotokoll der Stadt Heppenheim aus dem Jahre 1710 von April bis Dezember nicht weniger als 35 Käufe bzw. Verkäufe von Weinbergen (zu finden im Stadtarchiv Heppenheim). Der Weinbau dürfte also auch in diesem Jahrhundert kaum zurückgegangen sein.
Über die Größen- und Anbauverhältnisse im Heppenheimer Weinbau erfahren wir etwas mehr zu Beginn des 19. Jahrhunderts. Im Jahre 1803 bot der Übergang des Oberamts Starkenburg von Kurmainz an die Landgrafschaft Hessen-Darmstadt den Anlaß zu einer genauen Bestandsaufnahme des Oberamts (nach F. Koob, Zur Geschichte des Heppenheimer Weinbaus, in: 1200 Jahre Mark Heppenheim, S. 130), die auch den Weinbau einschloß. So betrug die Anbaufläche 817 Morgen (1 Morgen = 2500 qm); dies bedeutet bei einem Vergleich mit der Anbaufläche aus dem Jahre 1668 (611 Morgen) eine Vergrößerung in diesen 135 Jahren um über 200 Morgen.

Bronners Bericht

Einen umfassenden Bericht über den Weinbau zu Heppenheim verdanken wir Johann Philipp Bronner, Großherzoglich Badischer Oekonomierat, aus dem Jahre 1833. Da er dazu anreizt, Vergleiche anzustellen, sei er hier auszugsweise wiedergegeben.
»Die Gemarkung hat in bezug auf den Weinbau einen sehr bedeutenden Umfang, so daß nach dem Grundbuche 1600 Morgen Weinberge vorhanden sind.«
1600 Morgen entsprechen 400 Hektar. Heute hat sich die Rebfläche der Gemarkung Heppenheim mit rund 150 Hektar auf die besten Lagen gesundgeschrumpft. Ein Anbaustopp verhindert die ungesetzliche Ausdehnung der Rebfläche auf weniger geeignete Standorte.
»Das Roten (Roden) wird 2½ Fuß tief vorgenommen, und zwar vom März bis Mai, bei leichteren Böden wird

»Heppenheimer Stemmler«
überragt von der Hubenhecke

mit dem breiten Karch (Karst) und der Schippe gearbeitet, bei Kiesboden mit Krampen.«
Wenn man für 1 Fuß 30 cm einsetzt, ist damals 75 cm tief gerodet worden. Roden heißt, der Weinberg wird zur Neuanpflanzung umgegraben. Heute wird das Roden mit Tiefpflügen vorgenommen. Selbst in Steillagen bewerkstelligt man diese Arbeit nicht mehr manuell mit Karst und Schippe, sondern maschinell mit dem Seilzug. Anders wäre diese Arbeit heute unrentabel.
»Das Setzen geschieht hauptsächlich im Mai, und zwar größtenteils mit Blindholz. Im zweiten Frühjahr werden die jungen Triebe ganz kurz abgerissen (abgeschnitten), jedoch nur bei warmem Wetter. Im dritten Frühjahr werden die Triebe ebenfalls auf ein Auge abgeschnitten. Im vierten Frühjahr werden sie wieder auf 1 auch 2 Augen abgeworfen ...«
Heute werden Pfropfreben verwendet, die nach drei Jahren bereits die ersten Trauben, den »Jungfernwein«, liefern und nach vier Jahren im Vollertrag sind.
»Das Quetschen der Trauben wird auch hier nur mit einem Mosterkolben in einem Mosterzuber verrichtet.«
Das Lesegut wird heute entweder in offenen Bütten – möglichst unverletzt – eingeführt, oder man mahlt es noch im Weinberg in Tankwagen, wo es unter Luftabschluß bleibt. Die verletzten Trauben und der Most sollen vor der Gärung möglichst wenig Luftkontakt bekommen. Je besser dieses gelingt, um so weniger Reduktionsmittel, in diesem Falle Schwefel, muß zur Frischerhaltung des Weines beigefügt werden.
»Das vorherrschende Unkraut ist Flechtgras, Kreuzkraut, Disteln, Nachtschatten und Säuberzel.«
Heute sind es vorwiegend andere Unkräuter, die in unseren Weinbergen wachsen. Das »Flechtgras«, auch Kleeseide (Cuscuta) genannt, und die Nachtschattengewächse (Solanum nigrum und S. luteum) sind ver-

schwunden. Das »Kreuzkraut« (Senecio vulgaris) spielt eine untergeordnete Rolle, die Distel (Cirsium arvense) dagegen plagt nach wie vor den Winzer. Was mit »Säuberzel« gemeint ist, konnten wir auch im zwölfbändigen »Hegi, Flora von Mitteleuropa« nicht feststellen.

Veränderte Kultivierungsmethoden und Unkrautbekämpfungsmittel haben dazu geführt, daß die Unkrautflora gegenwärtig eine neuartige Zusammensetzung zeigt. Ihrer Häufigkeit entsprechend angeordnet: Vogelmiere (Stellaria media) Ackerwinde (Convolvolus arvensis), Kleine und Große Brennessel (Urtica urens und U. dioica), Quecke (Agropyron repens), Kletten-Labkraut (Galium aparine), Fuchsschwanz oder Rauhaariger Amarant (Amarantis retroflexus), Vogel- und Winden-Knöterich (Polygonum aviculare und P. convolvolus), Einjähriges Bingelkraut (Mercurialis annua) und die Melde (Agriplex patula). Die genannten Unkräuter treten vorwiegend in den Weinbergen der Bergstraße auf.

»Das Alter der Weinberge ist hier verschieden anzunehmen, im Löschboden (Löß-) dauern sie 40–50 Jahre, im Leimenboden aber nur 12–15 Jahre, dagegen tragen sie aber auch weit mehr wie erstere.«

Im Erwerbsweinbau wird heute ein Rebstock rund 25 Jahre genutzt. Die Rebe trägt nach dem 3. Jahr erstmalig, sie erhöht die Erträge dann stetig und bringt zwischen 5. und dem 15. Lebensjahr die höchsten Leistungen. Danach geht ihre Tragfähigkeit zurück. Da das Errichten eines jungen Weinberges rund 60000,– DM pro Hektar kostet, vermeidet man es möglichst, Weinberge vor dem 20. Lebensjahr zu erneuern. Eine alleinstehende Hausrebe kann 100 Jahre wüchsig bleiben, vorausgesetzt, sie steht warm und geschützt.

»Der Ertrag ist hier, trotz dem kurzen Schnitte, sehr bedeutend. Man rechnet in guten günstigen Jahrgängen auf das Viertel (Morgen) ein Fuder (= 1000 l).«

Ein Fuder pro Morgen entspricht 3600 Liter pro Hektar. An der Bergstraße liegt der durchschnittliche Hektarertrag heute bei 7000 Liter, im Bundesgebiet bei 10 000 Liter; das Kapitel »Die Weinberge« gibt hierüber nähere Auskunft.

»Die Herbstordnung ist folgende. Wenn die Weinberge geschlossen sind, so werden sie von 5 Schützen gehütet. Diesen werden aber 6 Männer und 1 Obmann beigegeben. Solche werden aus der Klasse genommen, die mit 48 Jahren von der Torwache befreit sind. Sie müssen die Aufsicht über die Weinberge führen, aber keine Leute aufschreiben, sondern müssen sie dem Schützen anzeigen, welcher sie aufschreibt und dafür 30 kr (Kreuzer) erhält. Jede Woche wird ein Tag freigegeben, um gelbe Rüben, Gemüse und dergl. holen zu dürfen. Kinder unter 14 Jahren dürfen nicht in die Weinberge.«

Auch heute werden zwei Wochen vor Lesebeginn die Weinberge als »geschlossen« erklärt; sie werden mit Warnschildern versehen, und Zutritt ist nur mit Genehmigung des Flurschützen erlaubt.

Der Vergleich macht deutlich, wo neue Erkenntnisse und vor allem die Modernisierung in der Bearbeitung und Bewirtschaftung eine Wandlung im Weinbau herbeigeführt haben. Aber auch in Zukunft wird die Rebe als komplizierteste Kulturpflanze die ungeteilte Aufmerksamkeit des Menschen, der sie pflegt, verlangen.

Bensheim

In der ersten urkundlichen Erwähnung des Dorfes Bensheim, damals noch »Basinsheim«, im Jahre 756 (Lorscher Kodex Nr. 232) werden bereits Weinberge aufgezählt. Einer Schenkungsurkunde nach vermachte um die gleiche Zeit ein Bensheimer mit Namen Stahal einen Weinberg dem Kloster Lorsch. Die Äbte des Lorscher Klosters widmeten dem Weinbau ganz

Bildstock in der Weinbergslage
»Bensheimer Paulus«

besondere Aufmerksamkeit und Pflege und suchten ihn auf jede Weise zu fördern. So übergab z. B. der Abt Folknand im Jahre 1148 einen Teil des Hemsberges in der Gemarkung Bensheim (montem Hemmingisberg in termino Bensheim) den Lorscher Klosterbrüdern mit der Auflage, diesen anzuroden und Äcker und Weinberge anzulegen. Der von dem Kloster Lorsch in der Gemarkung Bensheim angebaute Wein wurde ebenso wie der fällige Zentwein zum großen Teil in den geräumigen Kellern des Lorscher Klosterhofes, dem Steinerhof und dem Propsthof, gelagert. Beide Höfe sind heute nicht mehr vorhanden.

Unter kurmainzischer und kurpfälzischer Herrschaft (1335–1461 Kurmainz, 1461–1650 Kurpfalz, 1650–1803 Kurmainz) verbreitete sich der Weinbau in Bensheim stark; bald waren alle Hügel und Höhen mit Weinbergen bedeckt, und der Anbau erstreckte sich sogar bis hinunter in die Ebene. Ein Bensheimer Flur- und Bedbuch (= Buch aus dem Jahr 1582, in dem die Steuer der Untertanen an den Landesherrn verzeichnet ist) nennt nicht weniger als 60 (!) Weinberglagen, die in 5 verschiedenen Güteklassen unterteilt waren. (Nach: Volk und Scholle Jg. 1930, S. 101ff.) Von den heute noch bestehenden Lagen waren in der 1. Klasse Kirchberg, Kalkgasse, Wolfsmagen und Paulus, in der 2. Klasse Streichling und in der 3. Klasse Hemsberg.

Durch den Dreißigjährigen Krieg erlitt die Aufwärtsentwicklung des Bensheimer Weinbaus eine jähe und folgenschwere Unterbrechung.

Ende des 18. Jahrhunderts gab es in Bensheim wieder 18 Küfer, sie rangierten an 3. Stelle hinter den Schuhmachern und Leinwebern und kamen noch vor den Bäckern und Metzgern.

Die Bestandsaufnahme des Oberamts Starkenburg aus dem Jahre 1803 nennt für Bensheim immerhin noch eine Zahl von 1200 Morgen Weinbergen, die jedoch schon 50 Jahre später auf die Hälfte abgesunken war

»Bensheimer Hemsberg« mit Aussichtsturm

und sich im ersten Drittel unseres Jahrhunderts noch einmal halbiert hat. Erst nach dem Zweiten Weltkrieg ist wieder eine Aufwärtsentwicklung in Gang gekommen, die Vermarktung hat sich verbessert, die Erträge vergrößerten sich. Die bedeutende Rolle, die der Weinbau im wirtschaftlichen Leben von Bensheim im Laufe der Jahrhunderte gespielt hat, spiegelt sich jedoch nicht nur in nackten Zahlen wider. Es sind uns Aufzeichnungen von Zeitgenossen erhalten, die über gute und schlechte Weinjahre berichten.

Seit alters hat es in Bensheim Leute gegeben, die dem Wein gerne zusprachen und etwas vertragen konnten. In diesem Zusammenhang soll die Episode erwähnt werden, durch die der Ratsherr Kurtz, der vor dem Dreißigjährigen Krieg das Gasthaus »Zur Armbrust« erbaut hat, in die Geschichte der Stadt einging. Zu Gast auf einer Hochzeit, verprügelte besagter Ratsherr im Suff seinen Knecht, worauf dieser ihn vor das Stadtgericht brachte. »Herr Kurtz war völler als alle Gäste zusammen«, heißt es kurz und bündig im Vernehmungsprotokoll, das uns erhalten ist.

Die unzähligen Soldaten, die im 30jährigen Krieg in Bensheim lagen, wußten einen guten Tropfen »Kirchberg« ebenfalls zu schätzen. Ob Freund oder Feind, in jedem Fall tranken – oder soffen – sie die Keller der Bensheimer leer, ohne zu zahlen. Daß dabei Ausschreitungen nicht ausblieben, läßt sich denken. So heißt es auch 1632 im Ratsprotokoll: »Der gefreit Corporal, so bei Nickel Odenheimer einquartiret, hat den Bürgermeister undt ein gantzen Rath ›Bernheutter‹ (Bärenhäuter, ein für die damalige Zeit arges Schimpfwort) gescholten, seines Würths Sohn geschlagen und mit gottslesterlichen wortten tractiret, 8 Maß Weins den ersten abent gesoffen.« 8 Maß – das waren immerhin 16 Liter!

Es gab Jahre, da der Überfluß des Weines Sorgen bereitete. Ein Vers berichtet: »Eintausend fünfhundert dreißig und neun, Galten die Fässer mehr als der Wein.« Auch das darauffolgende Jahr brachte reichlich Wein, und die Weinbergsbesitzer hatten ihre liebe Not, ihren Reichtum loszuschlagen.

Wie ein adliger Junker aus Bensheim, der einerseits zwar viel Wein besaß, andererseits aber eine Menge Schulden hatte, sich aus seiner Bedrängnis mit Hilfe des Weines befreite, erzählt die Sage: Er rief alle seine zinspflichtigen Bauern aus den umliegenden Ortschaften zusammen und bestimmte, daß ein jeder 5 Maß, also 10 Liter Wein trinken müsse, ohne dafür auch nur einen Heller zu zahlen. Die Bauern, über diese Art der Frondienstleistung hocherfreut, tranken munter drauflos. Doch spätestens nach der dritten Maß begann der Wein zu wirken, sie fingen an, sich gegenseitig zu necken und zu verspotten. Aus dem Spaß wurde Ernst, und bald gab es blutige Köpfe. Darauf hatte der Junker nur gewartet; als ihr Standesherr ließ er die Bauern wegen der Raufhändel zu den üblichen Geldstrafen verurteilen. So war er immerhin – mit Hilfe des Weines – zu dem Geld gekommen, mit dem er seine Gläubiger bezahlen konnte.

Wer heute durch die Gassen und Gäßchen des mittelalterlichen Stadtkerns wandert, mag sich diese Geschichten in Erinnerung rufen. Es gehört zum Wesen der Stadt, daß selbst in bitternsten Zeiten Raum für die heiteren Seiten des Lebens blieb; ein liebenswerter Zug, der vor allem in Weinbaugegenden zu finden ist.

Zwingenberg

Über den Weinbau in Zwingenberg sind schon Nachrichten aus dem 15. Jahrhundert vorhanden: 1489 wird Friedrich Rabenolt, Burgmann in Zwingenberg, von Landgraf Wilhelm ein Lehen gegeben, in dem u.a. Weinberge aufgeführt werden. Der Zwingenberger

Weinbau hat jedoch bei weitem nie den Umfang von Bensheim bzw. Heppenheim erreicht.
Über Weinkauf und Weinverzapfung hält die erneuerte Zwingenberger Stadtordnung von 1710 (in: Chronik der Stadt Zwingenberg) ausdrücklich fest: »Bei einem Weinkauf über liegende Güter sind nach der Landesordnung 6 Maß Wein (= 11,25 Liter) dem Gericht zu liefern als Vergütung. In Zwingenberg ist Brauch, sie im Wirtshaus zu vertrinken oder der Wein muß zum wenigsten im Wirtshaus abgeholt werden, sonst ist der Kauf ungültig.« Übrigens war der Wein als Pfarrbesoldung bis ins 19. Jahrhundert die Regel. Es erschien daher gar nicht ungewöhnlich, daß die Pfarrer von der Kanzel herab ihren Wein anboten, auch gab es Ausschank und Kleinverkauf im Pfarrhaus. Das erregte im Zeitalter der Aufklärung den Groll der Weinhändler und Gastwirte, und bald kamen auch schon von Amts wegen die ersten Verbote. So wurde 1725 dem Dekan Mettenius in Zwingenberg auferlegt, seinen untergebenen Pfarreien bekannt zu machen, den Weinhandel und Ausschank in den Pfarrhäusern bei Strafe zu unterlassen (nach: R. Matthes, Neue Straßen – alte Gassen, S. 85).

Alsbach

Für Alsbach ist der Weinbau schon im 13. Jahrhundert belegt (nach: Heimatbuch Alsbach, S. 268–271): 1241 schenkte der Edelknecht Christian, Burgmann auf Bikkenbach, dem Kloster Schöngau Weinberge in der Alsbacher Gemarkung. Zumindest bis zum Dreißigjährigen Krieg hat der Weinbau auch dort die Hauptrolle gespielt. So betrug die Weinbaufläche 1590 rund 400 Morgen, sie lag dagegen knapp 200 Jahre später nur noch bei etwa einem Fünftel dieses Bestandes. Nach dem Zweiten Weltkrieg gab es nur noch ganz geringe Anbauflächen von insgesamt 4–5 Morgen. Das ist bedauerlich, denn der Alsbacher Pfarrer Scriba urteilte noch im frühen 19. Jahrhundert über den dort angebauten Wein: »Der Alsbacher Wein ist, besonders wenn er jung ist, ein lieblicher aber auch feuriger Trunk und wird stets mit am höchsten in der Bergstraße bezahlt.« Erfreulicherweise liegt die Anbaufläche heute jedoch schon wieder bei etwa 5 ha.

Seeheim

Auch Seeheim hatte in der Vergangenheit einen ausgedehnten Weinbau, der im 15. und 16. Jahrhundert bei ungefähr 600–800 Morgen lag. Alle Odenwaldhänge waren bis hinunter ins Tal mit Reben bepflanzt, und heute noch führt die Großgemeinde Seeheim-Jugenheim das Rebmesser, die Hippe, in ihrem Wappen. Die riesigen Keller der älteren Häuser, die mit ihren nach außen führenden Eingängen vornehmlich zur Aufnahme der Weinfässer dienten, künden von einstmals reichen, fast vergangenen Weinbau-Zeiten.

Die Territorialgeschichte der Bergstrasse

An der Bergstraße war im frühen Mittelalter neben anderen vor allem die von Karl dem Großen maßgeblich geförderte Reichsabtei Lorsch begütert.
Ihr allmählicher Niedergang begünstigte das territorialpolitische Ausgreifen des Mainzer Erzbischofes, der 1232 schließlich neben der Reichsabtei Lorsch auch die feste Starkenburg und damit die Kontrolle über die Bergstraße in die Hand bekam. Dadurch wurden jedoch die Rechte der Pfalzgrafen, der späteren pfälzischen Kurfürsten, als Vögte von Lorsch (= weltliche Gewalthaber) empfindlich beeinträchtigt, was zu einer langen Feindschaft zwischen Mainz und der Pfalz führte, aus der die Pfalz als Sieger hervorging. Dies wurde im 14. Jahrhundert vor allem durch die drei großen Mainzer Schismen (= Doppelbesetzungen des Erzstuhles) begünstigt, wobei die Pfalz im Widerstreit

mit den aus dem nassauischen Grafenhaus stammenden Erzbischöfen und deren mainzisch-nassauischer Hausmachtpolitik nach der Mainzer Stiftsfehde 1461–1463 im Frieden von Zeilsheim (5. 10. 1463) endgültig die Kontrolle über die Bergstraße erhielt und im wesentlichen bis 1803 behauptete.
Diese pfälzischen Ämter an der Bergstraße fielen dann in der Napoleonischen Zeit (1803) an das von Darmstadt aus regierte Großherzogtum Hessen, wo sie 1813 in der großherzoglich-hessischen Provinz Starkenburg zusammengefaßt wurden.
Während die beiden anderen auf dem Boden des heutigen Hessen bestehenden Staaten Nassau und Hessen-Kassel 1866 in die preußische Provinz Hessen-Nassau umgewandelt wurden, blieb das Großherzogtum Hessen (-Darmstadt) nach der Reichsgründung 1871 Glied des deutschen Reiches.
In den revolutionären Wirren nach dem Ende des Ersten Weltkrieges wurde der hessische Großherzog am 9. 11. 1918 abgesetzt, und das Großherzogtum wurde durch die Annahme der Verfasung vom 12. 12. 1919 in den Volksstaat Hessen umgewandelt, der sich wie das Großherzogtum von Gießen nach Mainz und über die Bergstraße erstreckte.
Die staatliche Existenz des Volksstaates Hessen endete mit der Besetzung Darmstadts am 24./25. 3. 1945 durch amerikanische Truppen.
Die Proklamation Nr. 2 der amerikanischen Militärregierung vom 19. 9. 1945 verfügte dann den Zusammenschluß des 1933 gleichgeschalteten Volksstaates Hessen mit der preußischen Provinz Hessen-Naussau zu einem sogenannten Großhessen, dessen Bevölkerung am 1. 12. 1946 durch Volksentscheid die Verfassung des späteren Bundeslandes Hessen annahm.

Geschichte des Weinbaus im Bereich Gross-Umstadt

Bei Renovierungsarbeiten an der ev. Stadtkirche stieß man 1967 auf eine »villa rustica« aus dem 2. Jahrhundert. Zwei Sandsteinreliefs mit Traubenmotiven, ebenfalls Funde aus dem 2. Jahrhundert nach Christus, schienen zu beweisen, daß in der Römerzeit hier Wein angebaut worden war. Ein voreiliger Schluß, da die begründete Ansicht besteht, es handele sich bei diesen Funden um Teile eines Grabdenkmals; und in der provinzialrömischen Kunst Galliens und der Rheinlande tauchten häufig Traubenmotive auf, ohne daß eine Beziehung zum bodenständigen Weinbau bestand.

Gesichert ist die Existenz des Weinbaus urkundlich seit 985; das Güterverzeichnis der Reichsabtei Fulda weist 7 eigene Weinberge in Umstadt aus, bei deren Pflege und Erhaltung 20 Weinbergarbeiter beschäftigt waren. In den folgenden Jahrhunderten ist der Weinbau durch Urkunden des Umstädter Zinsregisters in lückenloser Zeitfolge belegt. Anno 1373 befindet sich der »Steingerück«, Umstadts bekannteste Lage, im Besitz der Herren von Hanau, die das Herrschaftsrecht über die Hälfte der Stadt hatten. Der Oppenheimer Bürger und Kanoniker im Johannesstift zu Mainz, Philipp Glan, besitzt einen Weinberg im »Hitzigen Roth« (1422). 1450 Erbauung des Kurpfälzischen Schlosses mit einem mächtigen, tonnengewölbten Weinkeller an der Stelle der fuldischen Burg. 1501 wird der Geiersberg, im Besitz des Kurfürsten von der Pfalz, unter Bürger der Stadt aufgeteilt mit der Auflage, dort Weinreben zu pflanzen.

Belege aus der Geschichte des Umstädter Weinbaus, die von Stadtarchivar Georg Brenner ausgesucht und zusammengestellt wurden, zeigen, daß der Weinbau im 16. und 17. Jahrhundert eine zentrale Stellung im Wirtschaftsleben der Stadt einnahm. 500 Morgen der Umstädter Gemarkung waren Weinland, auf denen ca. 500 Fuder = 500 000 Liter Most geerntet wurden. Ein Ausfall wurde schmerzlich vermerkt, wie ein Bericht des »Ehrwürdigen Rats der Stadt« vom 5. 10. 1639 bekundet: »Ist bei Menschengedenken ein so schlechter Herbst nicht gewesen wie dieser. Denn nachdem nicht allein in der Karfreitagnacht den 12. April, sondern auch hernach den 18. Mai ein sehr kalter Frost eingefallen, ist der liebe Weinstock derart verdorben, daß die Weingärten jetzo, da es Herbst sein sollt, (soviel) Trauben kaum gehabt haben, als man sonst nach der Ablesen gefunden. Gott wolle diesen Abgang (Wegfall) nach seinem gnädigen Willen anderwärts reichlich ersetzen und vor dergleichen Mißjahren uns behüten.«

Anno 1555 baut der Landgraf von Hessen am Markt einen Weinkeller, heute Gasthaus »Altes Haus«; 1590 gehören 24 Morgen Weinberg dem Landgrafen von Hessen; 1600 Erbauung des Wamboltschen Schlosses mit Weinkeller und Kelterhaus; 1624 wird der Weinkeller des Rathauses vom Ehrwürdigen Rat der Stadt an Junker Wolf von Rodenstein verpachtet. Die durchschnittliche Weinernte betrug 1634 vor der Pestzeit ca. 500 Fuder = 500 000 Liter; 1636 als Folge des langwährenden Krieges nur noch 20 Fuder; 1641 erscheint ein Weinbergspflegedekret für die Umstädter Winzer.

Niedergang und Aufstieg

Das Interesse des Magistrats von Umstadt war stets auf die Aufrechterhaltung des Weinbaus gerichtet. Ein Gehorsamster Bericht des Stadtrats zu Umstadt vom 31. 10. 1810 dokumentiert dieses Interesse sehr eindrucksvoll:

»Klein-Umstädter Stachelberg«
mit Wendelinus-Kapelle

»In dahiesiger Stadtgemarkung sind verschiedene Distrikte, die sich vorzüglich zum Weinbau eignen, daß bekanntlich der darauf erzogene Wein, besonders wenn die Bearbeitung der Weinberge in gehöriger Art und mit der nötigen Sorgfalt geschieht, dem Rheinwein an Güte nicht nachsteht.
Ein Drittel der Gemarkung beinahe, was nun immerhin an den Abhängen lag, bestand noch vor 50 bis 80 Jahren lediglich aus Weinbergen, worinnen soviel Wein gezogen wurde, daß er von hier aus auch in die entferntesten Gegenden verführt werden konnte und bloß in neuerer Zeit verursachten mehrere nacheinander erfolgte Mißernten, besonders aber der außerordentlich gestiegene Fruchtpreis, daß viele Distrikte ganz ausgerottet und selbst in den besten Lagen mitten in den Weinbergen viele Stücke ausgestockt wurden.
Dieses veranlaßte schon im Jahre 1780, daß auf Anstehen der kurfürstlichen und hochfürstlichen Rezepturen unterm 11.8. desselben Jahres die Verordnung erlassen wurde, daß die ausgerotteten Weinberge bei Verlust des Eigentums wieder angelegt und besonders die Anpflanzung von Obst- und Nußbäumen schärfstens verboten wurde.«
Im selben Jahr des Berichtes erfolgte dann auf Betreiben der Stadt eine Neugestaltung der Lagen Steingerück und Ziegelwald, die 1821 um 31 Morgen erweitert und an 59 Umstädter Bürger versteigert wurden. Zwischen 1812 und 1828 waren in der Gemarkung Umstadts 130 Morgen (32,5 ha) Weinberge neu angelegt worden.
Die steigenden Erlöse aus dem Feldfruchtanbau und das Zurückgehen der Einnahmen aus den Weingärten bei vergleichbar höherem Arbeitsaufwand hatten Mitte des 19. Jahrhunderts zur Folge, daß immer mehr Weinberge nicht mehr genutzt und später in Ackerland umgewandelt wurden.

Den schwersten Schlag versetzten aber dem Weinbau Ende des 19. Jahrhunderts die von Übersee eingeschleppten Rebkrankheiten und die Reblaus. Die Wiederbepflanzung der zerstörten Weinberge erfolgte nur langsam.
Auch der allmähliche Wandel vom Agrar- zum Industriestaat bewirkte eine Sozialbrache im Bereich der weniger guten Böden des Weinberggebietes. Mit dem Aufbau des Lehr- und Versuchsgutes 1927 und der Gründung der Odenwälder Winzergenossenschaft 1959 befreite sich der vernachlässigte Weinbau von eineingenden Einflüssen; würden die zur Zeit dem Gesetz nach gültigen Anbaubeschränkungen aufgehoben, ließe sich die festgelegte potentielle Rebfläche von 100 Hektar voll ausnutzen.
1966 kam es zur Verschwisterung mit der Weißweinstadt St. Péray der Côtes du Rhône, und 1978/79 wurde eine Umstädter Winzertochter als »Christel die Erste« in Neustadt an der Weinstraße zur deutschen Weinprinzessin gewählt.

Das Weingesetz und die Weinberg-Lagen der Hessischen Bergstrasse

Klare Verhältnisse schuf zum erstenmal das neue deutsche Weingesetz in § 10:

Die Einzellagen

(2) Eine Lage ist eine bestimmte Rebfläche (Einzellage) oder die Zusammenfassung solcher Flächen (Großlage), aus deren Erträgen gleichwertige Weine gleichartiger Geschmacksrichtung hergestellt zu werden pflegen und die in einer Gemeinde oder in mehreren Gemeinden desselben bestimmten Anbaugebietes gelegen sind.
Als Lagename darf nur ein Name eingetragen werden, der für eine zur Lage gehörende Rebfläche herkömmlich oder in das Flurkataster eingetragen ist oder der sich an einen solchen Namen anlehnt.
(3) Eine Lage darf in die Weinbergsrolle nur eingetragen werden, wenn sie insgesamt mindestens fünf Hektar groß ist ... (Ausnahmen in besonderen Fällen) ...
(5) Die Landesregierungen der weinbautreibenden Länder regeln durch Rechtsverordnung, sofern nicht eine Regelung durch Landesgesetz getroffen wird, ...
So wurden vom Land Hessen schon im Jahre 1970 erlassen: das Gesetz über die Weinbergsrolle vom 7. Oktober und die Durchführungsverordnung vom 11. November. Sie enthalten im einzelnen folgende Vorschriften:

1. Die Weinbergsrolle ist zu führen beim Weinbauamt in Eltville.
2. Anträge auf Eintragung, Änderung und Löschung von Lagen entscheidet das Weinbauamt nach Anhörung des Sachverständigenausschusses. Dieser wird auf fünf Jahre gewählt und ist wie folgt

zusammengesetzt: zwei Institutsleiter der Lehr- und Forschungsanstalt Geisenheim, ein Bodenkundler, ein Agrarmeteorologe, der Leiter des staatlichen Reblausbekämpfungsdienstes und je ein Vertreter des Weinbauverbands, der Weinkommissionäre, des Weinhandels und des Raiffeisenverbands für die Winzergenossenschaften.

3. Antragsberechtigt ist die Gemeinde, innerhalb deren Gemarkung eine Rebfläche liegt, bei übergreifenden Lagen und Großlagen eine der beteiligten Gemeinden. Die Eigentümer der Weinbauflächen können Vorschläge machen. Zur Beratung der Gemeinde werden örtliche Lagenausschüsse gebildet, von deren Vorschlägen die Gemeinde nur in wichtigen, schriftlich begründeten Fällen abweichen kann. Im örtlichen Lagenausschuß sind vertreten: Bürgermeister, Ortslandwirt, drei bis fünf Winzer verschiedener Betriebsgrößen, der Weinbauverband Hessische Bergstraße und, soweit ansässig, Kommissionäre, Handel und Genossenschaften. Ein gemeinsamer Lagenausschuß mehrerer Gemeinden ist möglich.

Ab 1969 entfaltete der Weinbauverband in allen Gemeinden eine rege Tätigkeit, um den Lagenausschuß in seiner Meinungsbildung zu unterstützen. Als wichtige Hilfe und Diskussionsgrundlage war allen Weinbauorten vom Weinbauamt in Eltville eine übersichtliche Zusammenstellung zugegangen über

a) die Zahl der offiziell bekannten Lagen pro Gemeinde;

b) Zahl und Namen der tatsächlich bei Prämiierungen verwendeten Lagen;

c) Vorschläge für die endgültige Neufassung.

Die Entscheidungen der örtlichen Lagenausschüsse und der antragsberechtigten Gemeinden wurden dadurch sehr erleichtert, wenn man auch vielfach zu anderen Ergebnissen kam.

In allen Fällen ist die Gemeinde bei ihrem Antrag an das Weinbauamt von den Vorschlägen des örtlichen Lagenausschusses nicht abgewichen, ein Beweis für dessen gute Arbeit und Vorbereitung. Der (überörtliche) Sachverständigen-Ausschuß hatte die eingegangenen Anträge zu prüfen, ob laut Gesetz

1. eine wirtschaftlich sinnvolle Abgrenzung der Lagen vorgenommen worden war;
2. die obere Größenbegrenzung die standortgebundene Eigenart der erzeugten Weine wahrt;
3. die Grenzen der Lagen einprägsam markiert sind durch Straßen, Wege, Wasserläufe, Raine usw.;
4. die Eintragung in die Karten genau erfolgt ist;
5. der Lagenname herkömmlich, katasterkundig bzw. daran angelehnt ist und die Schreibweise den heutigen Vorstellungen entspricht. Die ursprüngliche Namensform wiederherzustellen, war nicht beabsichtigt; es wäre oft auch unklug, so, wenn man beispielsweise wieder Rod oder Rothenberg wie noch vor vielen Jahren schreiben wollte, nachdem sich die Schreibung Rott eingebürgert hat.

Da die Diskussionen meist örtlich ausgestanden waren, konnte der Sachverständigenausschuß seine Arbeit durchführen und dem Weinbauamt die Eintragung in die Weinbergsrolle empfehlen. Zum Herbst 1971 bereits hatte der Bergsträßer Winzer eine gesetzlich fixierte Grundlage für die Bezeichnung seiner Weine.

Und nun das Ergebnis:

Aus rund 400 katasteramtlichen Lagennamen,
70 offziell genannten,
40 im Verkehr mehr oder weniger gebräuchlichen,
sind nunmehr
23 Lagennamen für das bestimmte Anbaugebiet Hessische Bergstraße in die Weinbergsrolle eingetragen mit einer Durchschnittsgröße von rund 30 Hektar pro Lage.

Im Gegensatz zu früher, wo die Grenzen der etikettenkundigen Lagen weitgehend fließend waren, sind sie heute bis auf den letzten Rebstock festgelegt.

Die Grosslagen

Der neue Begriff der Großlage soll den der Gattungslage ablösen. Gattungslagen erstreckten sich über mehrere Gemarkungen (was Großlagen auch tun können) und genossen in der Rechtsprechung nach dem alten Weingesetz das Privileg, daß sie im Umkreis von 15 Kilometern als Weinbezeichnung zulässig waren.

Dieses Vorgehen strapazierte sehr den Begriff der Lage und irritierte den Konsumenten, dem man diese Praxis kaum verständlich machen konnte. Die neuen Großlagen haben nicht nur eine genau umrissene Abgrenzung, sondern auch klangvolle Namen in einem flächenmäßig vertretbaren Umfang für Großfüllungen und -angebote, in erster Linie für Handel und Genossenschaften.

Um dieser Zielsetzung gerecht zu werden, waren für die Hessische Bergstraße drei Großlagen vorgesehen. Ihre Größe ist im Vergleich zu anderen Weinbaugebieten relativ bescheiden.

Großlage	Leitgemeinde	Gemarkung	Fläche in Hektar
Schloßberg	Heppenheim	Heppenheim, Hambach	401
Wolfsmagen	Bensheim	Erbach, Bensheim Zell, Gronau	268
Rott	Auerbach	Auerbach, Zwingenberg Alsbach, Schönberg	159

Die hier angegebene Größe in Hektar (ha) bezieht sich auf die »potentielle Rebfläche« (bestockt und unbestockt). Sie ist stets größer als die weinbaulich genutzte Fläche, da sie neben der reinen Rebfläche auch eingestreute Äcker, Gärten und Wege enthält.

Die Bereiche

Was ist ein Bereich? Nach § 10 des Weingesetzes die Zusammenfassung mehrerer Lagen. Während für Tafelweine die Namen von Lagen und bestimmten Anbaugebieten nicht gebraucht werden dürfen, ist die Angabe des Bereiches zulässig. Nach § 12 dürfen Prädikatsweine nur aus einem einzigen Bereich stammen; Verschnitte aus mehreren Bereichen desselben bestimmten Anbaugebietes sind also nicht möglich. Aus dieser kurzen Übersicht geht hervor, daß

1. ein Bereichsname nicht verwechselbar sein darf mit dem Gebietsnamen;
2. Bereiche so abzugrenzen sind, daß besonders die gemeinsame Lese und Einkellerung von Spitzenweinen in nahe beieinander gelegenen Weinbergen nicht unmöglich gemacht wird.

Da das Weinbaugebiet Hessische Bergstraße aus zwei räumlich getrennten Teilen besteht, einigte man sich auf zwei Bereiche: Starkenburg und Umstadt. Auch dieser neue Begriff »Bereich« hat sich inzwischen eingeführt und Vertrauen erworben.

Der tägliche Umgang mit dem neuen Weingesetz

Was hat nun die Neufassung der Weinlagen an der Hessischen Bergstraße für den Winzer gebracht? Zunächst sicher eine Menge Arbeit, zum Teil auch Ärger in den monatelangen Auseinandersetzungen, in der gedanklichen und papiermäßigen Umstellung (Kellerbuch, Etiketten, Unterrichtung des Kundenkreises usw.). Positiv zu werten ist unbedingt das Ende der zwar praktikablen, juristisch aber teilweise anfechtbaren seitherigen Zustände; die Lagen sind jetzt fester, genau umrissener Wertbestandteil des Besitzstandes. Auch der Konsument wird verstanden haben, daß man heute absolute Klarheit in Abgrenzung und Flächengröße bei Einzel- und Großlagen haben, daß der verschwommene Begriff der Gattungslage der Vergangenheit angehört. Ausweitungen bisher enger begrenzter Lagen können nicht zur »Verdünnung« ihres Namens führen; ihr Ruf wird gewahrt durch die festen Grenzwerte für Qualitäts- und Prädikatsweine und das obligatorische Prüfungssystem.

Entwicklungsgeschichtliche Einteilung der Lagennamen

Die Weinberg-Lagen- und Flurnamen entstanden z. T. schon vor Jahrhunderten im lokalen Sprachgebrauch und wurden mündlich weitergegeben. Seit dem hohen Mittelalter fanden sie zunehmend Eingang in die Urkunden. So stammen die ersten schriftlichen Erwähnungen der Weinbergnamen der Bergstraße aus dieser Zeit. Seit dem 14. Jahrhundert findet man dann zur Bezeichnung der Weinbergsgrundstücke im Zusammenhang mit Veräußerungen, Erbgang,Tausch, Steuern und Hypotheken fast nur noch die Flurnamen, darunter schon manche in der heute gültigen Form.

Die Einführung des Katasters

Die amtliche Festlegung der Namen und Grenzen der Lagen erfolgte Anfang des vorigen Jahrhunderts. In Preußen wurde durch das königliche Edikt vom 27. Oktober 1810 die Anlage des Katasters in Gang gebracht. Nach dem Übergang der Rheinlande an Preußen gelangte in diesen Gebieten aufgrund der allerhöchsten Kabinetts-Ordre vom 26. Juli 1820 die schon begonnene Katasteraufnahme beschleunigt zur Durchführung. Das Kataster liefert seit damals alle Angaben, die für den Grundstücksverkehr und für die Grundsteuererhebung notwendig sind. Es erbringt Nachweise über Lage, Grenzen, Flächengröße, Kulturart und Eigentumsverhältnisse der Liegenschaften.
Diese Katastererhebungen waren keine leichte Arbeit. Aus dem Durcheinander zahlloser, zum Teil ganz privater und willkürlicher Namen mußten diejenigen herausgefunden werden, die durch ältestes Herkommen und allgemeinen Gebrauch die größere Berechtigung hatten. Weiterhin mußten die genauen Grenzen für jeden Namen in dem durch Landvermessung damals

hergestellten Katasterplan festgelegt werden. Gemeindebehörden und staatliche Geometer entledigten sich dieser Aufgabe so gewissenhaft, daß kaum irgendwo von seiten eines Interessenten Widerspruch gegen die Festlegungen erfolgte und diese somit unverändert Rechtskraft erlangten. Der Arbeit kam zustatten, daß in jener Zeit ein besonderes Lagen-Renommee noch nicht entwickelt war, weil man damals die Weine nur selten mit den Lagennamen benannte. Die Arbeit wurde also nicht von Sonderinteressen beeinflußt, sie wurde nach bestem Wissen lediglich in dem Bestreben geleistet, der Überlieferung gerecht zu werden.

Die Sprachdeutung der Flurnamen

Viele kulturgeschichtliche Erinnerungen sind in den Lagennamen gespeichert. Der Mensch dachte ungern abstrakt. Er war bestrebt, die ihn umgebende Welt in eine anschauliche, persönliche Beziehung zu sich zu setzen. Die alten Maße nahm er von seinem Körper: Elle, Fuß oder Schuh, und die ihn umgebende Flur numerierte er nicht, wie es heute im Grundbuch geschieht, sondern er gab ihr Namen aus seiner unmittelbaren Vorstellungs- und Erlebniswelt. Deshalb wirken alte Lagennamen so lebendig, manchmal scheinen sie auch eine Art Zauber auszustrahlen. Oft ist die ursprüngliche Bezeichnung nicht mehr zu erkennen, statt dessen wurde im Laufe der Zeit ein neuer, verständlicher Ausdruck geschaffen, der den alten Wortsinn nicht mehr wiedergibt. Zum Beispiel waren zum Zeitpunkt der Namengebung Bezugspunkte vorhanden, die später nicht mehr bestanden, oder Worte fremden Ursprungs wurden in die heimische Sprache aufgenommen und angepaßt, oder es wurden Worte mundartlich umgeformt. Als dann die Landvermesser für das Kataster aufzeichneten, was sie zu hören glaubten, wurde mancher Name noch zusätzlich entstellt.

Naturnamen

Vor allem wurde die Natur selbst mit allen Gegebenheiten, die sich als Unterscheidungs- und Orientierungsmerkmale anboten, für die Benennung von Lagen herangezogen. So verdanken ihren Namen der *Geländegestaltung, Form* und *Lage im Gelände:* Hemsberg, Kirchberg, Höllberg, Herrnberg, Stachelberg, Roßberg und Wingertsberg. Der Lagenname Höllberg bezieht sich von der Sprachdeutung her nicht auf des Teufels Hölle, sondern geht auf die althochdeutsche Sprachform halda, helda zurück, den steilen Hang, die Halde ausdrückend.

Zum Thema *Bodenbeschaffenheit* gibt es Wortkombinationen mit Stein wie Steingeröll, Steingerück, Steinkopf. Rott kann auch auf Rodung zurückgehen und verweist nicht auf die Farbe des Bodens.

Begrenzungen, Wege, Wasserläufe und *Brunnen* haben Pate gestanden bei den Lagen Eckweg, Kalkgasse.

Kulturnamen

Den der Natur entnommenen und die Natur beschreibenden Namen stehen nun solche gegenüber, die die Kultur des Menschen betreffen. Auf *gewerbliche Anlagen* gehen wahrscheinlich zurück Kalkgasse, Guldenzoll. Auf *Besitzrechte* und *historische Bezüge* lassen Herrnwingert, Schloßberg, Herrnberg, Fürstenlager, Hemsberg schließen.

Die *Kirche* war bis zur Säkularisierung der größte Grundbesitzer und die bedeutendste Wirtschaftsmacht im Weinbau. Davon zeugen heute noch Namen wie Kirchberg. Die *allgemeine christliche Vorstellungswelt* des Mittelalters belegen Flurnamen wie Paulus.

Natürlich bedeutet diese Gliederung keine saubere Trennung; es gibt vielfach Überschneidungen und oft mehrere Deutungsmöglichkeiten. In vielen Fällen wird es ein weiteres Suchen nach früheren urkundlichen

Belegen weiterhelfen. Wir bitten, dies zu tun und Ergebnisse wie Hinweise den Herausgebern mitzuteilen.

Der Wert des Lagennamens

Das Gesetz schreibt vor, daß der Name der Einzellage zusammen mit dem des Ortes, in dessen Gemarkung der Weinberg liegt, genannt wird. Ausgenommen von dieser Verordnung sind nur drei Lagen im Rheingau und eine an der Mosel. Da die Gemarkungsnamen einen erheblichen Wert- und Vertrauensbestandteil im Weingeschäft darstellen, ist der seitherige Gemarkungs-(= Gemeinde-)Name bei den Gemeindezusammenschlüssen beibehalten worden. Nach dem Weingesetz sind die Namen von Gemeinden und Ortsteilen gleichberechtigt anwendbar als Bezeichnung der Weine, entweder allein oder in Verbindung mit einem Lagennamen. Abschließend noch ein Wort zur Wertschätzung (qualitativen Bewertung) der einzelnen Lagen. Bereits Mitte des vorigen Jahrhunderts wurden die Weinberg-Lagen hauptsächlich aus fiskalischen Gründen einer ersten amtlichen Bonitierung unterzogen. Heute sind Bodenwertzahl und Einheitswert-Hektarsatz jeder Einzellage genau ermittelt und beim Katasteramt bzw. Finanzamt registriert. Güteklasse und Qualitätsbenennung der Weine werden aber nicht von dieser Klassifizierung abhängig gemacht, da der Gesetzgeber sich sagt, daß neben der Boden-Bonität zu viele andere Kriterien die Qualität des Endproduktes beeinflussen. Anders in Frankreich, dem einzigen Land außer Deutschland mit einem traditionsgewachsenen Herkunftsrecht. In Deutschland gibt es selbstverständlich vom Boden und von der Position her auch bessere und schlechtere Weinberg-Lagen. Jahrgangsklima, Rebsorten, Weinbergspflege, kellertechnische Sorgfalt, Ausbaugrad des Weines und anderes mehr bestimmen jedoch die Qualität des Endproduktes mit.

Klima und Winzerjahr

Lichtmeß spinne vergeß:
Scheern in die Hend,
in de Wingert gerennt!

Der 2. Februar, an dem angeblich der Dachs zum ersten Mal nach dem Winterschlaf wieder aus seinem Bau kommt, um nach dem Wetter Ausschau zu halten, ist nach alter Bauernregel einer der Lostage, auch Lurtage, Bauerntage genannt. Es sind die Tage, an denen sich die Wetterlage einschneidend ändert, wie z. B. auch Eisheilige, Siebenschläfer u. a. Als Ordnungstermin hatte Mariä Lichtmeß, der 2. Februar, besondere Bedeutung: Die winterliche Arbeitsruhe mit Beschäftigungen im Haus wie Spinnen, Weben, Stricken, Schnitzen, Ausbessern von Geräten war beendet, und die Feld- und Weinbergsarbeiten wurden aufgenommen. Heute werden die Arbeiten im Weinberg nicht mehr durch festgelegte, starre Regeln eingeteilt. Die notwendigen Tätigkeiten richten sich weitgehend nach dem Rebenwachstum, das von den Klimafaktoren und vom Bodentyp unterschiedlich bestimmt wird. Der Gesundheitszustand der Weinstöcke und der Reifegrad der Trauben beeinflussen ebenfalls den Arbeitsrhythmus. Gearbeitet wird in den Weinbergen der »Odenwälder Weininsel« fast ausschließlich bei schönem Wetter. Die besondere Betriebsstruktur der kleinen Parzellen und die Feierabendwinzertätigkeit ermöglichen dies. Die Arbeit im Wingert macht doppelt Spaß, weil äußere Zwänge wegfallen. Dagegen wird das »Herbsten« durch den Lagenausschuß eng terminlich fixiert, und zwar nach Sorten streng getrennt. Der Beginn der Weinlese unterlag früher wie heute strenger Ordnung, wie eine Verkündung des kurpfälzischen Amtmannes (Kellers) an die Bürgerschaft von Umstadt zum Haingericht des 15. 9. 1676 beweist:

»Der Bürgerschaft in dem Haingericht, den 15. 9. 1676 vorzuhalten:

1. Daß auf nächst kommenden Montag, als den 18 huius der Herbst allhier zu Umstadt, geliebts Gott, seinen Anfang nehme.
2. Daß auf bemeldetem Tag zu vorderst die herrschaftlichen Weinberge abgelesen werden sollen, dann – dem alten Herkommen gemäß – niemand, außer dem Bürgermeister, den beiden Herren Küfern und denen, welche wegen tragender Vormundschaft nicht ihren eigenen (Weinberg) und den ihrer Pflegekinder zugleich ablesen können mit- und vorzulesen vergönnt und gestattet sein soll.
3. So fängt darauf des dienstags der Herbst insgemein an.
4. Wird bei 5 Gulden Strafe verboten, in keinem ungeeichten Faß den Most heimzuführen, noch in einer ungeeichten Butte heimzutragen.
5. Wird ein jeder von Oberamts wegen erinnert, seinen Zehnten an dem Tor getreulich und ohne Arglist zu entrichten, auch den bestellten Zehntnehmer nicht mit Widerwillen, wie bisher zu begegnen, wenn es nötig ist auf das Leitfaß zu steigen und selbiges, ob es voll ist oder nicht, zu besichtigen, sondern es soll, bei Vermeidung willkürlicher Strafen, ein jeder seinen Zehnten richten und willig abtragen.«

Die meisten Winzer »lesen« nur einen Tag. Dieses Ereignis wird von den Verwandten und Freunden freudig begrüßt.
Sie eilen herbei, um die Ernte einbringen zu helfen, natürlich ohne Entlohnung. Findet die Lese an einem sonnigen Herbsttag statt, gilt es als besonderer Glücksfall. Der Abschluß des Lesetages gestaltet sich dann oft zu Familienfesten; bis tief in die Nacht wird in zahl-

reichen Weinbergschutzhütten bei »Weck, Wurscht und Woi« gefeiert.
Das Weinbaugebiet der Bergstraße liegt als Teil der Oberrheinischen Tiefebene in einer besonders begünstigten Klimazone, gekennzeichnet durch frühen Einzug des Frühlings, hohe Durchschnittstemperaturen und mittlere Niederschlagsmengen.
Bestimmend hierfür sind die geringe Höhe über dem Meeresspiegel (höchste Lage in Zwingenberg 260 Meter über NN, tiefste Lage in Heppenheim 100 Meter über NN) und die umgebenden Randgebirge Pfälzerwald, Hunsrück, Taunus, Vogelsberg, Spessart und Odenwald. Die beiden letzten Gebirge bilden einen lückenlosen Schutzwall, der vor allem die kalten Nord- und Ostwinde abhält.
Durch Zufuhr von feuchter und warmer Luft vom Atlantik her, auch während der Wintermonate, werden die Unterschiede zwischen den wärmsten und kältesten Monaten abgeschwächt. Die mittlere Jahrestemperatur liegt für deutsche Verhältnisse recht hoch (Bensheim 10,0° C, Heppenheim 10,4° C); hinzu kommen fast 1660 Sonnenstunden pro Jahr. Es gedeihen hier zahlreiche wärmeliebende Kulturpflanzen, zu denen neben Wein auch Mandel, Pfirsich, Feige, Aprikose und Walnuß gehören.
Der Umstädter Raum wird von der Südwestwetterlage bestimmt. Die vorgelagerten Berge des Odenwaldes und des Messeler Hügellandes (Sprendlinger Horst) nördlich von Darmstadt verändern das Klima gegenüber dem der Rheinebene und der Bergstraße. Durch diese Barriere sind die Niederschläge und die Temperaturen niedriger als die Werte an der Bergstraße. Die Dieburger Bucht und damit auch die »Kleine Bergstraße« sind von der als Warmluftschneise wirkenden Burgundischen Pforte und der Oberrheinischen Tiefebene abgeschnitten. Das langjährige Niederschlagsmittel liegt bei 680 mm (Bergstraße 712 mm), und die

Jahresmitteltemperatur beträgt 9,5° C, also 0,5° C weniger als an der Bergstraße.

Die Standortkartierung

Exposition (Hangrichtung) und Inklination (Hangneigung) sind bestimmend für das Kleinklima. Um dem Wärme- und Strahlungsbedürfnis der Reben in unserem nördlichen Anbaugebiet gerecht zu werden, überwiegen in den deutschen Weinbaugebieten nach Süden orientierte, stark geneigte Hänge. Leider sind diese in der Durchfeuchtung jedoch benachteiligt.
Um die klimatischen Verhältnisse und deren Eignung für den Rebenanbau festzustellen, wurde im Rahmen einer Erhebung, genannt »Die Standortkartierung der hessischen Weinbaugebiete«, auch die geländeklimatologische Kartierung der Bergstraße, Bereich Starkenburg, vorgenommen. Die beiden Agrarmeteorologischen Forschungsstellen Gießen und Geisenheim führten diese 1956 bis 1958 durch. Das Ziel der Erhebung war, die Wirkung der Klimaelemente Strahlung, Temperatur und Wind auf die weinbaumäßig genutzten Flächen zu erforschen. Aus den Meßwerten wurde dann eine Karte erstellt.
Daraus wird ersichtlich, daß die gesamten Hanglagen der Bergstraße gut bis sehr gut für den Weinbau geeignet sind. Die Neigungswinkel an diesen Hängen bewegen sich gerade in der Größenordnung, die vielfach den größtmöglichen Strahlungsgenuß erwarten läßt.

Die Winde

Windrichtung und -geschwindigkeit sind im Raum Bergstraße ziemlich konstant. Durch den Nord-Süd-Verlauf des vorderen Odenwaldes stößt der aus der Rheinebene kommende Wind auf die Bergkette. Am

Westrand des Odenwaldes wird er angehoben; es entsteht am Fuße der Bergstraße eine Zone mit schwächerem Wind. Von einer gewissen Höhe ab tritt durch Vereinigung des angehobenen Luftstromes mit dem Oberwind eine deutliche Erhöhung der Windgeschwindigkeit auf. Die oberen Hanglagen und die dahinterliegenden Hochflächen werden dadurch stark bewindet.
Wer auf dem mit »R« markierten »Randweg« zwischen Waldrand und den am höchsten gelegenen Weinbergen wandert, der wird die mit der Höhe an Stärke zunehmende Brise an heißen Sommertagen angenehm empfinden. Den Reben tut es auch gut, denn optimale Luftzirkulation trocknet nasse Blätter und Trauben rascher ab und sorgt für Verhütung von Pilzkrankheiten.

Die Fröste

An der Bergstraße ist die Frostgefährdung unterschiedlich, im allgemeinen aber gering.
Sie nimmt von oben hangabwärts nach der Ebene hin zu und ist am stärksten in den Taleinschnitten des vorderen Odenwaldes, vor allem dort, wo hangaufwärts der Wald fehlt.
Gefährlich für die jungen Triebe sind im Spätfrühling die Nachtfröste, durch die vor allem tiefgelegene, feuchte Lagen bedroht werden.
Selten treten sie weitflächig auf und wirken verheerend, wenn dies geschieht. So war es z. B. im Jahre 1926, als nach einem warmen April noch am 10. Mai Frost kam.
Im Mittel kann an 25 Tagen im Jahr eine Schneedecke gemessen werden. In schneearmen Wintern sind es nur 8–10 Tage, in schneereichen sind es jedoch etwa 65 Tage. Im Winter 1962/63 lag der Schnee so lange wie nie zuvor, bis Ende Februar wurden damals 75 Schneetage gezählt.

Eisweine

Eiswein ist eine Kuriosität des deutschen Weinbaus. Die Trauben werden in gefrorenem Zustand von mindestens −7°C geerntet und rasch abgekeltert, bevor das durch die Eiskristallisation festgehaltene Wasser in der Beere wieder auftaut. Nur der an Aromastoffen, Säure und Zucker konzentrierte Most läuft von der Kelter ab.

Da deutsche Auslesen weltweit begehrte Weinspezialitäten sind, die Natur sich aber in der Vergabe der Auslesejahre wählerisch und unberechenbar zeigt, nehmen renommierte Weingüter das Risiko der Eisweinbereitung auf sich.

Frost tritt an der Bergstraße meist erst von November bis Januar auf. Das Staatsweingut Bergstraße ging daher seit 1977 dazu über, Trauben auf ausgesuchten Parzellen über die Lesezeit hinaus hängen zu lassen und die Stöcke mit Plastikfolien oder Netzen zu überspannen. Während man pro Hektar Rebfläche bei einer Riesling-Normalernte mit einem Ertrag von 10 000 Flaschen rechnen kann, sind es beim Eiswein höchstens 2000 Flaschen.

Die Dichte des Mostes nimmt bei niedrigen Temperaturen zu. Die Endqualität des Produktes hängt also mehr von der Stärke des Frostes ab als von den ursprünglichen Oechslegraden der Trauben. So konnten auch in den Jahren mit wenig Auslesen wie 1972, 1975, 1977, 1979, 1986, 1989 und 1990 hervorragende Eisweine mit 150° Oechsle und darüber geerntet werden.

Geschmacklich unterscheidet sich der Eiswein von Edelfäule-Auslesen durch eine höhere Säure, die die doppelten Werte konventionell gelesener Auslesen erreichen kann. Er ist im Geschmack robuster, kräftiger und herzhafter, in der Nase aromatischer; sein Sortenbukett ist ausgeprägter. Aufgrund seiner großen

Geschmacksfülle ist der Eiswein besonders geeignet, als Ausklang eines festlichen Essens, eines schönen Abends oder zur besonderen Ehrung eines Gastes gereicht zu werden. Wegen seiner Süße sollte er in kleinen Probiergläsern oder in Likörgläsern angeboten werden. Eisweine sind bei kühler Lagerung unbegrenzt haltbar.

Am 30. Mai 1980 erhielt eine am 13. Januar 1980 gelesene »1979er Heppenheimer Centgericht Riesling Eiswein Beerenauslese« auf der Kloster Eberbacher Versteigerung der Staatsweingüter den Zuschlag des Auktionators bei 100,– DM pro Flasche. Der Wein war keine fünf Monate alt und trotzdem von vollendeter Würze und Süße neben einer fruchtigen, feinen Säure von 13,0 ‰.

Die Niederschläge

Bedingt durch die Randgebirge im Westen, sind die Niederschläge mit durchschnittlich 720 Millimeter relativ niedrig, doch liegen sie höher als in Rheinhessen und im Ried. Bei West- und Südwinden gleitet die vom Atlantischen Ozean herkommende, feuchtigkeitsbeladene Luft am Ostrande von Donnersberg, Haardt und Hunsrück talwärts. Dabei erwärmt sie sich, vor allem über den entwaldeten, heißen Böden Rheinhessens. Am Odenwald werden diese Luftmassen gestaut, und es kommt wieder zu verstärkter Wolkenbildung. Die regenreichsten Monate an der Bergstraße sind die Sommermonate Juni, Juli und August; in letzterem gibt es häufig Gewitterregen.

In den Hauptwachstumsmonaten Mai, Juni und Juli fallen im Mittel zusammen etwa 220 Millimeter Niederschläge. Dadurch werden in Trockenjahren die Ernteerträge beeinträchtigt. Der Weinqualität schadet dies jedoch nicht; Trockenjahre waren immer gute Weinjahre: »Kleiner Rhein – großer Wein.«

Das phänologische Verhalten

Die Eignung eines Gebietes für den Weinanbau kann genauer beurteilt werden, wenn man sich nicht allein an eine meteorologisch statistische Betrachtung des Klimas hält, sondern es auch in seiner Wirkung auf die Pflanzenwelt sieht (Phänologie).
Das Beobachten der zeitlichen Verschiedenheit des jährlichen Eintritts der Vegetationsstufen Belaubung, Aufblühen, Fruchtreife, Laubverfärbung ermöglicht es, die günstigsten Standorte auszumachen. Dem Kalender nach beginnt der Frühling am 21. März, doch jedermann weiß, daß sich die Natur nicht genau daran hält. Über den Verlauf des Frühlings erfahren wir am meisten durch den Zeitpunkt, an dem die Knospen aufbrechen, die Blüten und Blätter sich entfalten. Die Phänologie unterscheidet beim Frühling drei Phasen: Vorfrühling, Erstfrühling und Vollfrühling. Für die Bergstraße gelten die Mittelwerte:

Vorfrühling 10. 2. (Schneeglöckchen)
Erstfrühling 15. 3. (Haferaussaat)
Vollfrühling 20. 4. (Apfelblüte).

Nach dem mittleren Blühbeginn fangen Aprikosen am 30. 3., Süßkirschen am 12. 4., Äpfel am 20. 4., Flieder am 22. 4., Margueriten am 14. 5. und Reben am 15. 6. zu blühen an. Man spricht bei der Rebe von Blühbeginn, wenn 25 % der Gescheine das Käppchen abgeworfen haben. Die Rebe hat zwittrige Blüten und ist Selbstbestäuber. Durch warmes und möglichst trockenes Wetter wird ein guter Blühverlauf begünstigt. Das schöne Frühlingswetter an der Bergstraße ist bekannt. Die lange Vegetationszeit kommt dem Weinbau an der Bergstraße ebenfalls zustatten, da der Herbst erst spät eintritt.

Geologie und Böden

Die markante Lage der Bergstraße als dem Hangfuß eines jähen Gebirgsanstiegs von über 500 Metern aus einer tischebenen Flußlandschaft heraus ist einem erdgeschichtlichen Geschehen zu verdanken, das sich im wesentlichen in der Erdneuzeit – Neozoikum – vollzog, zu der das Tertiär und das Quartär zählen. Der »Oberrheingraben« ist Teilstück einer Kette von Senken, die sich vom Mittelmeer (Rhonetal) bis nach Oslo hinzieht. Zeitgleich mit dem Absinken im Alttertiär (vor 55 Mio. Jahren) wölbten sich die Flanken auf – Schwarzwald und Odenwald im Osten, die Vogesen im Westen – und verschoben sich zugleich um 1–2 km im Westen nach Süden, im Osten nach Norden.

Die Absenkung beträgt 4–5 km, die damit verbundene Ost-West-Dehnung hat etwa die gleichen Ausmaße.

Der (vordere) westliche Odenwald ist identisch mit dem aufgewölbten kristallinen Grundgebirge, dem erdgeschichtlich ältesten Material, das hier ansteht und bodenbildend auftritt.

Von den Schichten des Erdmittelalters – Mesozoikum – ist nur eine Buntsandsteinscholle erwähnenswert, die beim Abbruch des Grabens am Rande hängenblieb und heute auf dem Heppenheimer Schloßberg die Starkenburg trägt, die der ganzen hessischen Provinz südlich des Mains und östlich des Rheins den Namen gegeben hat.

Das Auffüllen des Grabenbruches begann bereits im Tertiär. Meeresvorstöße aus dem Süden brachten Faulschlämme (Erdöl, Erdgas), Sande, Kiese und Kalke.

Später waren es Flußsedimente, die den Graben bis ca. 300 m Tiefe auffüllten.

Bereits im Alttertiär bildeten sich in einer einzelnen Einsenkung bei Messel östlich von Darmstadt die berühmten bituminösen Schiefer mit einer außerordent-

lichen Anhäufung guterhaltener Fossilien (Schnecken, Insekten, Fische, Reptilien, Vögel, Urpferd).
In dem auf das Tertiär folgenden Eiszeitalter sind drei Vorgänge von besonderer Bedeutung:

- ▲ Der Rheintalgraben füllt sich bis zur heutigen Höhe mit Flußsedimenten des Rheins und Neckars, der bis in geschichtliche Zeit die ganze Bergstraße entlangfloß: Kiese, Sande, Hochflutlehme.
- ▲ Der im Gegensatz zum vergletscherten Schwarzwald eisfrei gebliebene Odenwald erhält durch Verwitterung und Erosion im wesentlichen seine heutige Gestalt und Oberflächenbeschaffenheit.
- ▲ Aus den vegetationslosen Schotterflächen der Flüsse werden durch starke Westwinde gewaltige Mengen an feinem, verblasbarem Material als groberer Sandlöß an den unteren Hangfuß, als staubsandiger Löß gegen (und über) den Gebirgsrand transportiert und in mächtigen Auflagen deponiert. Der rohe, unverwitterte Löß wie der verwitterte, tonangereicherte Lößlehm bestimmen entschieden die Bodenart und den Bodentyp der Weinberge.

Die Böden als Rebenstandort

Die Reaktion – ob der Boden sauer, neutral oder basisch ist – ist für die Rebe von Bedeutung. Im allgemeinen gedeihen die Reben bei neutraler Reaktion am besten. An der Bergstraße nehmen die kalkhaltigen und dadurch alkalischen Böden sogar ca. 90% der Weinbaufläche ein. Da auf kalkhaltigen Böden durch Düngungs- und Meliorationsmaßnahmen die Reaktion nur begrenzt beeinflußt werden kann, hilft man sich mit kalkverträglichen Unterlagsreben. Unterlagsreben sind reblausresistente Reben amerikanischen Ursprungs, die kleine Trauben tragen und der Pfropfrebe als Wurzelstock dienen.

Weiterhin ist der Wasserhaushalt für die Rebe wichtig. Etwa 10% sind Trockenstandorte, in denen selbst in Jahren mit normaler Durchfeuchtung der Wasserbedarf der Reben nicht gedeckt ist. Bei mehr als 60% der Bergsträßer Weinberge ist der Spitzenbedarf der Reben häufig nicht gedeckt. Nur ein geringer Teil der Weinbaufläche ist entwässerungsbedürftig. Die Trockenstandorte herrschen vor.

Der Geschmack eines Weines ist weitgehend abhängig vom Boden. Dieser übt einen entscheidenden Einfluß auf die Art des Weines aus und ruft mannigfache Geschmacksunterschiede hervor. Gleiche Traubensorten auf verschiedenen Böden gepflanzt, bringen unterschiedliche Weine hervor. Eleganz und Reichtum an Finesse, Blume und Bukett sind an bestimmte Weinbergslagen gebunden. Die engen Beziehungen von Boden und Geschmack eines Weines werden in erster Linie von den Spurenelementen, den Nährstoffen und der physikalischen Zusammensetzung des den Boden bildenden geologischen Ausgangsmaterials bestimmt. Unmittelbar nebeneinanderliegende Böden können bereits verschiedene Zusammensetzungen aufweisen.

Die Rebe ist ein Tiefwurzler. Sie treibt in trockenen Standorten und Jahren ihre Wurzeln bis zu 10 Meter Tiefe. Ihre Nährstoffe bezieht sie auch aus Schichten, auf die der Mensch durch Bodenbearbeitung und Düngung keinen bestimmenden Einfluß mehr ausüben kann.

Böden aus Sandlöss

Am meisten verbreitet sind an der Bergstraße (Bereich Starkenburg) tiefgründige, trockene bis frische (mäßig feuchte), meist kalkhaltige, sandig-lehmige Böden aus Löß.

Sie treten bevorzugt auf Kuppen und Hängen auf und leiden unter Bodenerosion. Sie sind leicht bis mittelschwer, haben infolge fehlender Tonteilchen einen grobporigen Aufbau und damit eine geringe oder mittlere Wasserkapazität. Ein großer Teil des Niederschlagswassers geht ihnen verloren. Sie werden gut durchlüftet und sind infolgedessen warm und tätig. Der Vegetationsbeginn ist auf diesen Böden früh. Der Humusabbau vollzieht sich schnell und ziemlich vollständig. Es sind sogenannte Mistfresser. Bei der Humuszufuhr ist Torf zu bevorzugen, da dieser stark sauer, außerdem gegen den biologischen Humusabbau verhältnismäßig beständig ist und die Wasserhaltekapazität erhöht. Ein wirksamer Erosionsschutz ist nur durch grundlegende Änderung der Anbaumaßnahmen (Zeilung, Erziehung, Dauerbegrünung) und durch großzügige Meliorationen möglich. Beim Rigolen verbessert Torf- oder Schlackeneinfüllung die Hohlraumverteilung und erhöht die Wasserkapazität. Das geringe Wasserhaltevermögen beeinflußt in Trokkenjahren Ertrag und Qualität ungünstig. In nassen Jahren hingegen wirken sich die intensive Durchlüftung und schnelle Erwärmung qualitätsfördernd aus.

Die Lösslehme

Etwas weniger verbreitet sind die tiefgründigen, frischen bis feuchten, meist noch kalkhaltigen Lößlehmböden, die durch die verwitterungsbedingte Neubildung von »sekundären Tonmineralien« einen wesentlich höheren Anteil an feinen Tonteilchen haben.
Sie besitzen neben günstigen chemischen Eigenschaften ein großes Porenvolumen bei günstiger Hohlraumverteilung. Ihr Luft- und Wasserhaushalt ist optimal. Die Durchwurzelung und das Bodenleben sind intensiv.

Böden aus magmatischen Gesteinen

Wo durch Bodenerosion die Lößbedeckung verschwunden ist (Oberhänge, Kuppen), treten mittel- bis tiefgründige, skelettreiche, lehmig bis grusige, meist kalkfreie Böden aus magmatischen Gesteinen (Granite, Gneise, Kontactmetamorphe Schiefer) auf. In Abhängigkeit von der sehr wechselnden Gründigkeit und einer noch vorhandenen Beimengung von Lößlehmematerial ist der Boden trocken bis frisch. Besonders verbreitet sind diese Böden in den Gemarkungen Bensheim und Auerbach.

Böden aus Buntsandstein

Wie schon erwähnt, kommt der Buntsandstein nur in einer relativ kleinen Scholle bei Heppenheim vor. Die von ihm gebildeten Böden sind zwar gut durchlässig, aber flachgründig und stark steinig bei geringem Tonkolloidgehalt. Ihre Wasserkapazität ist gering. Selbst in feuchten Jahren ist der Wasserbedarf der Reben nicht gedeckt. Erträge und Mostgewichte liegen dann aber über dem Gebietsdurchschnitt.
In heißen, trockenen Weinjahren kommt es zu Notreife und Trockenschäden. Die Erosion wird durch die mangelhafte Bodenbedeckung, die allerorts übliche Zeilung in Gefällerichtung und die Steilheit der Hänge außerordentlich gefördert.

Die Dieburger Bucht (Bereich Umstadt)

Vom großen Senkungsfeld des Rheingrabens ist die Dieburger Bucht, in der Umstadt liegt, durch den stehengebliebenen Sprendlinger Horst (Messeler Hügelland) abgetrennt worden. Vulkanische Einflüsse wie Basaltdurchbrüche am Roßberg, trachytische Ergüsse im Westen, der Basaltkegel des Otzberges und die Quarzporphyrhorste von Groß-Umstadt kennzeichnen den Rand der Bucht. Die in Nord-Süd-Richtung verlaufende »Kleine Bergstraße« ist im Umstädter

Bereich durch die drei in Ost-West-Richtung führenden Täler in eine kuppige Randzone aufgegliedert. Somit findet man im Umstädter Raum die gleichen topographischen und geologischen Verhältnisse, wie sie an der Bergstraße auf einer Gesamtausdehnung von 30 Kilometern herrschen, hier auf 3 Kilometer zusammengedrängt. Die ursprüngliche Buntsandstein-Senke der Dieburger Bucht im Westen der Stadt ist durch mächtige diluviale Lößschichten, die von weither auf die Hänge der Bruchstufe geweht wurden, überlagert. Die Bergkuppen sind jedoch durch Erosion wieder weitgehend vom Löß befreit.

Wir haben also folgende Bodenverhältnisse:

Am Fuße der Hänge und in der Ebene Löß. An der oberen Bergschulter und in Mulden Granit- und Quarzporphyrverwitterungsböden mit tonig-lehmigen Beimengungen von Löß bis Lößlehm. Auf den Bergkuppen Quarzporphyrverwitterungsböden.

In den steinhaltigen, höheren Abschnitten der drei Lagen neigen die Böden zum Austrocknen. Dort gedeihen vor allem solche Rebsorten, die sich auch noch aus tiefgelegenen Schichten mit Wasser versorgen können. Die Weine dieser Sorte sind säurereicher und besitzen ein ausgeprägtes Bukett. Es ist der bevorzugte Standort der Riesling- und Silvanerrebe.

Die Reben der tiefer liegenden, flacheren Lagen auf dem nährstoffreichen Löß, der eine gute Wasserversorgung garantiert, bringen dagegen körperreichere Weine hervor mit geringeren Säuregraden. Dort fühlen sich die Rebsorten mit ausgeprägtem Wachstum wohl. Hier gedeiht besonders der Müller-Thurgau. Die Übergangszone zwischen Bergschulter und auslaufendem Hang läßt besonders harmonische Weine reifen. Hier werden alle Rebsorten angepflanzt, und sie bereiten dem Winzer kaum Probleme.

Rebsorten und Art der Weine

Wie der Rebsortenspiegel zeigt, ist die Hessische Bergstraße ein Weißweingebiet. Für alle hier gewachsenen Weine, einerlei aus welcher Rebsorte, gilt: Sie sind feingliedrig und duftig, mehr zart als robust. Die Säure ist fein und fruchtig und bleibt im Hintergrund. Die jungen Weine bauen sich verhältnismäßig rasch aus und sind früh im Jahre probierfähig und flaschenreif.

Rebsorte	Anbaufläche in Prozent
Weißer Riesling	54
Müller-Thurgau	16
Grüner Silvaner	8
Ruländer	7
Ehrenfelser	3
Gewürztraminer	1
Kerner	4
Scheurebe	2
Sonstige weiße Rebsorten	1
Weiße Rebsorten zusammen	96
Blauer Spätburgunder	2
Portugieser	1
Sonstige rote Rebsorten	1
Rote Rebsorten zusammen	4
insgesamt	100

1 % = ca. 4 ha

Bei Müller-Thurgau und Riesling ist die Anbaufläche zur Zeit stabil. Der Silvaner dagegen ist im Anbau rückläufig. Der Ruländer breitet sich nicht weiter aus. Scheurebe, Ehrenfelser und Kerner werden nur vereinzelt in kleinen Parzellen angebaut. Besonderes Interesse für eine Ausweitung der genannten Sorte besteht nicht, da der vorhandene Rebsortenspiegel in diesem kleinen Anbaugebiet allen Ansprüchen genügt.

Weisser Riesling

Mit 54 Prozent ist der Riesling die meistangebaute Rebsorte an der Bergstraße. Die Anbauvorteile dieser Sorte sind Frostfestigkeit, große Qualitätsspanne der Weine, gute weinbautechnische Eigenschaften, gleichmäßige Erträge bei 60 bis 90 Hektoliter/Hektar. Ihr später Austrieb bewahrt sie häufig vor den gefürchteten Maifrösten (»Eisheilige«); für die spätherbstlichen Schönwetterperioden ist diese langsam reifende Sorte besonders empfänglich.

Der Weiße Riesling, auch Rheinriesling genannt, ist eine alte Sorte, vielleicht von Wildreben der Rheinauen abstammend, nicht zu verwechseln mit dem Welschriesling, der in Südeuropa angebaut wird. Die Herkunft des Namens Riesling wird unterschiedlich gedeutet: Von Rusling (dunkles Rebholz), von Reißen (Hinweis auf die rassige Säure der Rieslingweine) oder von Durchrieseln der Blüte (heute durch Selektionsmaßnahmen weitgehend beseitigt).

Der Rieslingwein präsentiert sich an der Bergstraße blumig, nachhaltig, frisch und saftig, mit einer angenehmen, fruchtigen Säure. Er zeigt von allen Rebsorten die Jahrgangsart am deutlichsten. In großen Jahren bringt er die elegantesten und feingliedrigsten Kreszenzen hervor mit einer Fülle von Aromastoffen; in kühlen Jahren herzhafte, kernige Weine zur Freude derjenigen, die einen kräftigen, säurereichen Wein gerne trinken.

Der Riesling eignet sich für eine längere Lagerung. Die Säure wird glatter, Würze und Feinheit kommen besser zur Geltung, die Alterungsfirne hebt die Blume vorteilhaft hervor. Übermäßiger Luftkontakt (angebrochene Fässer, angebrochene Flaschen) schadet dem feinen Bukett und macht die Weine matt und stumpf. Rieslingweine sind dankbar für niedrige Kellertemperaturen, da Frische und Rasse zu ihrem Sortencharakter gehören. Früher bezeichnete man sie im Volksmund oft als »harten Knochen«. Damit waren die durchgegorenen, säurereichen, lang im Faß gelegenen Kneipweine gemeint. Heute hat sich der Geschmack des Konsumenten verfeinert, und so finden delikate, elegante, harmonisch abgestimmte Weine, die – früh auf die Flasche gefüllt – ihre volle Frische und Frucht beibehalten haben, ebenfalls Beifall.

Müller-Thurgau

Diese 1882 in Geisenheim von Professor Müller-Thurgau gezüchtete Rebsorte hat vor allem nach dem Zweiten Weltkrieg rasche Verbreitung erfahren. Heute ist sie die am zweitmeisten angebaute Sorte an der Bergstraße. Kräftig im Wuchs, ist sie am verhältnismäßig großen, stark gelappten Blatt und an der ovalen, gelblichgrünen Beere zu erkennen. Frühe Reife, eine befriedigende Widerstandsfähigkeit gegen Fröste und geringe Lageansprüche gewährleisten eine beachtliche Ertragssicherheit und geben dem Winzer die Möglichkeit, auch noch in weniger günstigen Lagen Weinbau zu betreiben. Die Weine haben eine mittlere bis geringe Säure und weisen einen dezenten Muskatton auf. Sie verbinden die Milde des Silvaners mit der Blume des Rieslings. Müller-Thurgau-Weine sind vorwiegend leichte Weine; sie schmecken daher jung und frisch getrunken am besten.

Grüner Silvaner

Für steinige, trockene Böden und frostgefährdete Lagen weniger geeignet, ist diese an der Bergstraße einst am meisten angebaute Rebsorte stark zurückgegangen und liegt heute auf dem dritten Platz. Sie zeigt mittleren Wuchs und ist an ihrem runden, wenig gebuchteten, mittelgroßen Blatt und an den grünen Beeren zu erkennen. Der Silvaner liefert in guten Jahren milde, liebliche Weine mit leichter Säure und zartem Bukett. Seine Haltbarkeit ist begrenzter als die des Rieslings. In geringen Jahren sind die Weine des Silvaners geschmacksneutral. Die verbreitete Auffassung, daß sie in heißen Jahren plump und breit ausfielen, trifft jedoch nicht zu, wenn sie kellertechnisch richtig behandelt werden.

Ruländer

Er wird auch Grauer Burgunder genannt und ist nur durch die Traube, nicht durch das Blatt, vom Spätburgunder und Weißburgunder zu unterscheiden. Der Ruländerwein aus reifen Jahren ist tiefgolden, körper- und alkoholreich, vollmundig und weist ein typisches Sortenbukett auf. Er kommt aber nur dann ganz zur Geltung, wenn der Wein einen hohen Extraktgehalt hat. Magere, schlanke Ruländer sind ausdruckslos. Spätlesen und Auslesen gehören an der Bergstraße zu den Spitzengewächsen. Der Ruländer ist vor allem bei jenen beliebt, die keine säurereichen Weine mögen.

Gewürztraminer

Er ist eine Qualitätssorte, die wenig trägt, jedoch hohe Mostgewichte erbringt. Die Weine sind betont würzig und haben eine im Geruch an Rosenduft erinnernde Frucht. In besten Lagen angebaut, garantiert der Gewürztraminer Spitzenweine.

Weisser Burgunder

Der Weiße Burgunder hat im Anbau seine Begrenzung, da er gute Böden mit ausreichender, wasserhaltender Kraft verlangt und auf Gesteinsböden zuwenig Extrakt bringt. Der Wein ist meist weniger füllig als der des Grauen Burgunders (Ruländer) und zurückhaltender im Bukett.

Weniger verbreitet sind:

Scheurebe
Eine 1916 von Georg Scheu in Alzey gekreuzte Silvaner-Riesling-Neuzüchtung. Die Weine haben eine rassige Säure und ein volles, kräftiges Bukett. Scheurebe-Auslesen sind eine besondere Spezialität.

Kerner
Eine Kreuzung aus Riesling und Trollinger, findet seit Beginn der 70er Jahre vermehrt Eingang in das heimische Rebsortiment; als Rieslingsergänzungssorte ist er imstande, diesen in weniger geeigneten Lagen seiner Robustheit wegen zu ersetzen. Die Weine sind kräftig und vollmundig und eignen sich gut als »Schoppenstecher«.

Die Besonderheit der Umstädter Weine

Von den traditionellen Sorten überwiegen im Bereich Umstadt Silvaner (20 %) und Riesling (30 %). Gutedel verschwand nach dem Zweiten Weltkrieg völlig. Als neue Rebsorte kam 1946 die Müller-Thurgau-Rebe hinzu. Heute steht sie mit 45 % der Anbaufläche an erster Stelle. In jüngster Zeit ist im Bereich Umstadt das Bestreben spürbar, den Anteil an Müller-Thurgau nicht weiter zu steigern und den lange Zeit geschmähten Silvaner wieder anzubauen. Er erwies sich hier als treuer Erntebringer und liefert mundige, süffige Weine für die Schoppenstecher. Auch Neuzüchtungen treten dem Müller-Thurgau entgegen.
Neuanpflanzungen von Kerner, Ehrenfelser und Bacchus sowie Versuche mit Scheurebe, Gewürztraminer, Ruländer, Dornfelder und Portugieser sind vielversprechend.
In den Jahren mit wenig Sonnentagen oder mit einem notgedrungen frühen Erntebeginn macht sich das Feh-

len eines Flußlaufes als Wärmespeicher, wie ihn andere deutsche Weinbaugebiete besitzen, besonders deutlich bemerkbar. In solchen Jahren sind die Weine von der Säure geprägt und besonders herzhaft, kräftig. Das Prädikat »Erdgeschmack« ist ebenso häufig wie die Vokabel »Steinwein« in Gesprächsrunden über den Umstädter Wein zu hören, es findet gelegentlich auch in der Heimatzeitung seinen Niederschlag. So schreibt Dr. Föppl (1854–1924) in seinen Lebenserinnerungen, die 1954 im »Oldenwälder Boten« veröffentlich wurden: »In der etwas abliegenden Umgebung der Stadt auf einem Ausläufer des Odenwaldes gab es einige größere Weinberge, in denen ein recht guter Wein wuchs. Ich habe in meiner Kindheit nur selten einen Schluck und später überhaupt keinen Umstädter Wein mehr getrunken. Aber ich habe damals viel davon reden hören. Wie alle Ärzte in dieser Gegend, hatte mein Vater eine feine Weinzunge. Das gehörte zum Beruf, denn der Wein galt in jener Zeit als eines der wichtigsten Heil- und Kräftigungsmittel. Von dem Groß-Umstädter Wein, der in der übrigen Welt ganz unbekannt ist, sagten damals die Kenner, daß er einen eigentümlichen ›Erdgeschmack‹ habe, an den man sich erst gewöhnen müsse, und daß er nach zwei Jahren am besten sei. Zu längerer Lagerung eigne er sich nicht. Im übrigen aber wurde er viel gerühmt.«

Heute werden die Umstädter Weine als rassig, herzhaft, kräftig herb bezeichnet. Noch lange nach der Abfüllung behalten sie ihre Spritzigkeit. Die reifen Jahrgänge ähneln den Bergsträßer Weinen. In kühleren Jahren ist die Nachbarschaft zu den fränkischen Weinen nicht zu verleugnen. Die häufig gebrauchte Bezeichnung »Steinwein« läßt sich möglicherweise erklären, wenn man davon ausgeht, daß die Würzburger Lage »Stein« stellvertretend für den Typus des Frankenweins des Maintals gelten könnte und zur Charakterisierung einer Geschmacksrichtung geworden ist.

Der Bergsträsser Wald

Die folgende Charakterisierung verdanken wir einem Beitrag des langjährigen Leiters des Forstamtes Bensheim, Herrn Forstdirektor Walter Truschel.
Wald und Weinberge sind an der Bergstraße eine Schutzgemeinschaft eigener Art eingegangen. Die bewaldeten Bergrücken und Höhen wirken ausgleichend auf das Klima, indem sie das Eindringen der kalten Nord- und Ostwinde verhindern. Durch Waldbestände wird die Bodenerosion an den steilen Hängen gehemmt, das Wasser gespeichert und sein Abfluß verlangsamt. Die empfindliche Weinrebe zeigt sich dankbar und gedeiht. Der Wald birgt und schützt eine reichhaltige Tier- und Pflanzenwelt, und durch ihn findet der Mensch Erholung und Ruhe.
Dem rasch vorbeifahrenden Besucher, dessen Blick vor allem auf die reichbewaldeten Hänge und Kuppen fällt, wird sich der Eindruck vermitteln, es handele sich um einen einheitlichen und geschlossenen Waldbestand. Biegt man aber von der B 3 zu den zuständigen Waldparkplätzen für das Auerbacher Schloß, zur Noth Gottes, zu den Höhen des Melibokus sowie zum Fürstenlager ab, werden sich – vor allem beim Wandern – die unterschiedlichen Waldgemeinschaften leicht entdecken lassen. Unmittelbar an die Weinberglagen schließt sich eine oft verwilderte Zone von Schwarz-, Weißdorn und verschiedenen Wildobstarten an. Vor allem die Wildkirsche bietet im Sommer wunderschöne Blütenaspekte. Darauf folgt ein für die Bergstraße typischer mittelhochwachsender Mischwald mit Akazie, Eßkastanie, Trauben, Eiche, Linde und Birke, unterstellt mit Dornenhölzern aller Art, der dann den Höhen zu in den Buchen-Hochwald überleitet.
Wie überall in unserer Region, so dürfte der baumlosen Eiszeit-Tundra mit ihren Zwergbirken, Gräsern, Moo-

sen und Flechten zuerst die anspruchslosen Pionierholzarten wie Birke und Kiefer gefolgt sein. Beim Ansteigen der Temperatur kamen dann Hasel, Eiche mit Linde und Ulme. Als es um 4000 v. Chr. wieder kühler und feuchter wurde, breitete sich die Buche aus, die vermutlich um 1000 v. Chr. in unserer Gegend ihre größte Flächenausdehnung erreichte und ihre Vorherrschaft bis heute behalten hat. In den vielen Schluchten und Taleinschnitten des Bergstraße-Höhenzuges mit ihren gut durchlüfteten Geröllböden kommen unsere bekannten Edellaubhölzer Esche und Ahorn, aber auch die Erle mit gutem Wachstum voran. Die genannten Holzarten schätzen die wasserreichen, feuchten und zerklüfteten Schluchten besonders.

Die Nadelhölzer

Seit etwa 1800 hat eine standortdifferenziert wirtschaftende Forstwirtschaft vor allem auf steilen Südlagen die Kiefer angebaut. Die auf Kuppen und Graten kultivierte, gar nicht standortgerechte Fichte verdankt hingegen ihr Dasein einem Erlaß des Großherzoglichen Ministeriums der Finanzen aus dem Jahre 1905, wobei der Name dieses Ressorts zugleich die Motivation für den Anbau gab. Andere Nadelholzarten wie die europäische und auch die japanische Lärche sind am Westhang der Bergstraße selten, dagegen häufiger auf frischen Standorten, die in den Odenwald hineinreichen. Das Vorkommen von Douglasie und Edeltanne beschränkt sich auf kühlere Lagen der weiter im Osten liegenden, zusammenhängenden, größeren Waldflächen des Buntsandstein-Odenwaldes. Dort stockt auch durchaus standortgerecht die Fichte mit erstaunlich gutem Wachstum.

Als Rarität unter den deutschen Holzarten führt die fünfnadlige Wymouthkiefer. Diese erwächst schon in 80 Jahren zu starken Stämmen heran; ihr Holz wird wegen seiner besonderen Eigenschaften (leicht an Gewicht, leicht zu schnitzen, ansprechend dunkle Farbe, das Holz »arbeitet« kaum) zunehmend für den Export in südeuropäische Länder interessant. In der Jugend liefert die Wymouthkiefer begehrte Schmuckreiser für Blumengeschäfte und Kranzbindereien, in der Weihnachtszeit wird dieser Baum – wie zu Hause in Amerika – gerne von amerikanischen Familien als Christbaum gekauft.

Die Buche

Der Forstmann nennt sie auch gerne »Mutter des Waldes«, weil sie, wo sie mit Mischholzarten vergesellschaftet ist, wie Eiche, Fichte, Lärche, dafür sorgt, daß diese Hölzer besonders gerade und – was den Holzkäufer freut – sehr astrein erwachsen. Ihr Laub ist leicht zersetzbar und bildet vielfach den besonders fruchtbaren, mullartigen Humus. Hier fühlen sich Buchengräser wie Perlgras, Flattergras und Schmielen sowie deren Begleitpflanzen wie Anemone und der aromatische Waldmeister oder in lichteren Beständen auch die Himbeere wohl. Auf klassische Weise wird die Buche mittels der sogenannten Naturverjüngung herangezogen. Ankommende Buchenmasten müssen ein wohl vorbereitets Keimbett finden; die richtige Art und die Stärke der Hiebseingriffe sowie ihre zeitliche Abfolge lassen die Buchensämlinge zu selbständigen Bäumchen heranwachsen. Ein solcher natürlicher Verjüngungsvorgang kann vom Abfall der Buchecker bis zur Räumung der Altbuchen 20 bis 40 Jahre dauern. Welch eine Geduld muß der Förster aufbringen – an dem der Streß des 20. Jahrhunderts auch nicht vorbeigeht –, um zu einer natürlichen Buchenverjüngung zu kommen! Unsere Rotbuche ist in der Regel mit 140 Jahren hiebsreif. Ihr Holz wird, je nach der Stärke und Ausformung des geernteten Baumes, für verschiedene Zwecke begehrt: von der Papierindustrie, der Spanplattenindustrie, der Bundesbahn für Schwellen, der Verpackungsindustrie für Paletten; bessere Hölzer werden von unseren einheimischen Sägewerken zum vielfachen Gebrauch z. B. für Treppen, Fußböden und zur Herstellung von Furniermaterial verwendet. Die hochwertigsten Buchen an der Bergstraße hat seit vielen Jahrzehnten das Forstamt Heppenheim anzubieten. Die Buchenhölzer erwachsen dort in über I. Bonitäten, wenn man die forstliche Bonitätenskala von I bis V ansetzt. Charakteristisch für die Heppenheimer Buchen sind ihre langschaftige Form und ihr weißes, astfreies Holz. Was die Standortansprüche der Buche betrifft, so liebt sie, ganz allgemein gesagt, kalkhaltige Böden, ob dies nun die Basaltverwitterungsböden um das Auerbacher Schloß oder die mächtigen, diluvialen kalkreichen Lößüberlagerungen im Forstamt Heppenheim sind. Sie gehört keinesfalls zu den anspruchslosen Holzarten wie beispielweise die Kiefer; die Buche verlangt außer gutem Boden auch günstige Klimaverhältnisse. Der größte Feind der Buchennachzucht ist der Spätfrost im Frühjahr, der oft in einer Mainacht alle Arbeiten des Forstmannes zunichte machen kann, da gerade die Buchen-Sämlinge aus der vorangegangenen Herbstmast besonders frostempfindlich sind.

Ausblick

Besteigen wir zum Schluß dieses »forstwirtschaftlichen Exkurses« in Gedanken einen der schönsten Aussichtspunkte der Bergstraße, das Auerbacher Schloß. Wir sehen unter uns den Buchen-Hochwald, übergehend in die Schutzwaldzone – dann breit hingelagert, oft bis an die Landstraße heranreichend, so weit das Auge sieht, Weinbergslagen mit ihren dazugehörenden Städten und Ortsteilen. Weiter nach Westen zu überblicken wir die Riedlandschaft mit ihren geschlossenen Waldteilen des ehemaligen Bannforstes »Forehai« (erstmals erwähnt 1002) und, bunt in die Landschaft hingetupft, die vielen Rieddörfer mit ihrer geschichtlichen Mutter, der Stadt Lorsch, deren Kloster in Karolingischer Zeit wirtschaftlicher und geistiger Mittelpunkt ganz Südwestdeutschlands war. In nordwestlicher Richtung erkennt man den geschlossenen Komplex des Jägerburger und Gernsheimer Waldes, der eine Größe von über 3000 Hektar hat, und im Südwesten den Lampertheimer Wald, der sich weit über 5000 Hektar ausdehnt. Gegenüber den Bewaldungen des Vorderen Odenwaldes, die sich häufig nur auf Kuppen und Rücken gehalten haben, bilden hier viele große Waldkomplexe im Ried auffallend geschlossene Flächen in der sonst so vielfach baumlosen Kulturlandschaft.

Daß sich diese ausgedehnten Waldungen – von wenigen Siedlungen abgesehen – erhalten haben, liegt in der Geschichte des Mittelalters begründet. Schon der oben erwähnte Bannforst garantierte den Schutz von Wald und Wild, und mehrere landesherrschaftliche Forstordnungen, darunter das Lorscher Weistum aus dem Jahre 1469, haben diesen später erweitert und vertieft. Das Bewußtsein seiner ökologischen Bedeutung für die ganze Landschaft ist hier nie verloren gegangen. Somit verdankt der Bergstraße-Wald sein Bestehen einer ungebrochenen Tradition, der sich seine Pfleger und Hüter heute in besonderem Maße verpflichtet wissen.

Begleiter zu den Weinberglagen, Winzern und ihren Küchen

Weine an der Hessischen Bergstraße faszinieren durch ihre Vielfalt. Landschaft und Wein bilden eine Gemeinschaft und in tieferem Sinne ein kaum voneinander zu trennende Ganzheit. In aller Welt verbindet sich die Vorstellung vom »Deutschen Wein« mit Bildern deutscher Weinlandschaften in ihrer einmaligen Schönheit. Dem Erlebnisfreudigen ist es leicht möglich, auf einer Reise durch deutsches Weinland in kurzer Zeit und auf engstem Raum aus eigener Anschauung Einblick zu gewinnen und zu genießen.
Die Eigenart unserer Weine und ihre vielfältigen Nuancen erklären sich am deutlichsten aus ihrer Umwelt.
Der erste Teil dieses Buches, der sich mit der Weinkultur und Weinwirtschaft befaßt, vermittelte zugleich einen Überblick über das ganze Weinbaugebiet.
Auf den folgenden Seiten soll nun der Leser einen touristisch-gastronomischen Wegweiser finden, der ihn bei einem Besuch der Bergstraße in die Weinorte und ihre Umgebung begleitet. Um Gegenwärtiges verständlicher werden zu lassen, wird auch die Vergangenheit zu Worte kommen. Wein-, Wanderwege und Sehenswürdigkeiten werden erwähnt.
Die Hinweise wollen sich in jedem Falle nur als Anregungen verstanden wissen, am wichtigsten bleibt die persönliche Begegnung mit »Land und Leuten«. Und wer einen Wein genießt, wird ihn doppelt schätzen, wenn er der Aufforderung folgt, erst »Zwiesprache mit den rankenden Reben zu halten« – wie Goethe sich einmal ausgedrückt haben soll.
Wir beginnen im Norden des Weinbaugebietes in Umstadt und enden am südlichsten Weinort in Heppenheim.

Beschreibung der Weinorte und Einzellagen

Bereich Gross-Umstadt

Mit dem Wagen kann man die Odenwälder Weininsel aus allen Himmelsrichtungen über die netzartig bei Groß-Umstadt zusammenlaufenden Bundesstraßen 45, 468, 459 und 26 erreichen. Die Autobahnen bei Darmstadt und Frankfurt liegen keine 30 Kilometer entfernt von Groß-Umstadt, und die teilweise fertiggestellte Entlastungsautobahn für das Frankfurter Kreuz vom Seligenstädter Kreuz bei Aschaffenburg zu den Main-Neckar-Autobahnen bei Darmstadt, die der alten B 26 folgt, schafft eine zusätzliche Schnellverbindung aus dem westlichen und nordöstlichen Raum. Auch mit der Bundesbahn kann Groß-Umstadt auf der Eilzugstrecke Frankfurt–Hanau–Stuttgart erreicht werden. Von Darmstadt über Wiebelsbach kommt man ebenfalls mit der Bahn nach Groß-Umstadt.

Groß-Umstadt

741 zum erstenmal urkundlich erwähnt, soll der Name der Stadt auf den fränkischen Edelmann Autmund zurückgehen. In der Pipinschen Schenkungsurkunde von 741 steht: villa aliqua noncupante Autmundisstat, qui ponitur in Pago Moinigangio super fluvio Ricchina (deutsch: Ein gewisses Königsgut, Autmundistat genannt, das im Maingau über dem Flusse Ricchina liegt). Spuren der Siedlung konnten durch Ausgrabungen bis zur älteren Steinzeit zurückverfolgt werden. Das Marktrecht erhielt sie im 11. Jahrhundert, die Verleihung der Stadtrechte erfolgte im 13. Jahrhundert, zugleich wurde Umstadt zum Zentrum der Gerichtsbarkeit (Cent- und Stadtgericht sowie durch den Umstädter Oberhof als Berufungsinstanz mit dem die Gerichtsbarkeit regelnden »Umstädter Weistum«). Noch heute bildet die Stadt den wirtschaftlichen und schulischen Mittelpunkt für die umliegenden Gemeinden.
Trotz der starken Expansion nach dem Zweiten Weltkrieg hat Umstadt seinen kleinstädtischen Charakter bewahrt. Dazu trägt vor allem die historische Altstadt bei. So hat Groß-Umstadt seinen Besuchern neben einem guten Tropfen auch eine Reihe von Sehenswürdigkeiten zu bieten.

Sehenswert

Der weiträumige *Marktplatz mit dem historischen Brunnen*. Ein Stadtrundgang sollte immer vom Marktplatz aus begonnen werden. Orientierungshilfen mit Touristeninformation können in der Stadtbücherei, die im Wamboltschen Schloß untergebracht ist, sowie an der Pforte des Rathauses besorgt werden. Von hier aus hat man die mittelalterliche Szenerie in voller Breite vor sich: die vornehmen Bürger-Häuser – zum Teil mit Fachwerk – aus dem 15. Jahrhundert, in der Mitte das Rathaus und die Stadtkirche.

Weitere Hinweise entnehmen wir dem von Stadtarchivar G. Brenner 1976 zusammengestellten Stadtführer:

Das Rathaus. Renaissance-Neubau 1602–1603, mit reichgeschmückten Giebeln und Zwerchhaus. Prunkportal von 1596 mit den Wappen der Landesherren Kurpfalz und Hessen-Darmstadt. Links und rechts des Zwerchhauses die lebensgroßen Sandsteinfiguren der Gerechtigkeit und Billigkeit. Am Gesamtwerk ist der Einfluß der prunkliebenden Pfalzgrafen unverkennbar. An der Ostseite vermauertes gotisches Fenster von der ehemaligen Forstkapelle, aus deren Steinen das Rathaus erbaut wurde. Im Erdgeschoß befindet sich die Säulenhalle, die repräsentativen Veranstaltungen dient. Der Festsaal der Bürgerschaft im 1. Stock ist Tagungsort der städtischen Körperschaften. Der städtische Weinprobenkeller im Untergeschoß ist benannt nach dem Junker von Rodenstein.

Die *Biet.* Mundartliche Bezeichnung des Vierröhrenbrunnens auf dem Marktplatz. Runder Sandsteintrog mit figürlicher Meerjungfrau auf der Ostseite. Der quadratische Brunnenstock ist von der »Bietjungfer« gekrönt. Allegorische Figur mit Palmwedel, stützt sich auf zwei Schilde mit den Wappen der ehemaligen Landesherren. 1714 erneuert.

Das Wamboltsche Schloß. U-förmige Anlage in der Curtigasse, bereits 1036 erwähnt. An Stelle des alten Burgsitzes 1600 erbaut und 1670 erweitert. Wiederholung der Rathausgiebel, am Erdgeschoß schmiedeeiserne Korbgitter, im Innern geometrisch aufgeteilte Stuckdecken. Umfassungsmauern mit Toreinfahrten sowie Seitengebäude niedergelegt. Seit 500 Jahren im Besitz der Reichsfreiherren Wambolt von Umstadt. Beherbergt die Stadtbücherei mit öffentlichem Leseraum und andere öffentliche Einrichtungen.

Das Curti-Schloß. An das 1500–1600 erbaute, 1963 niedergelegte Schloß erinnern die 4 Wappentafeln am Neubau des Gymnasiums. Benannt nach C.W. Curti, Baronet, Gesandter Karls II. von England bei den deutschen Fürsten.

Das Darmstädter Schloß. Hervorgegangen aus der Burganlage des 13. Jahrhunderts der Herren von Hanau. Liegt an der Nordostecke der Altstadt, an der Nordseite Reste der Stadtmauer; Wappentafel von 1465, ab 1524 in hessischem Besitz, 1714 umgebaut zum heutigen Aussehen. Sitz des hessischen Kellers. An der Südseite Abschlußmauer eines Burgmannenhauses, davor das sogenannte Kutscherhaus.

Das Pfälzer Schloß. Südwestecke der Altstadt an der begehbaren Stadtmauer, das alte fuldische Schloß, Sitz des pfälzischen Oberamtmannes, erbaut im 15. Jahrhundert. Zu dem zweischiffigen Saal mit der gotischen Pforte führt eine reichgeschmückte Freitreppe. Der mächtige tonnengewölbte Keller diente seit eh und je der Lagerung und dem Ausbau des Umstädter Weines. Das Obergeschoß brannte 1806 ab und wurde vereinfacht in Fachwerk wiederaufgebaut. Der Saal wurde 200 Jahre lang als katholischer Gottesdienstraum benutzt. Renovierung 1976.

Das Burgmannenhaus der Freiherren von Heddersdorf. Rodensteiner Straße 4. Massiver und rechteckiger Baukörper, um 1570 erstellt. Das vorkragende Obergeschoß besteht aus Fachwerk mit zum Teil geschnitzten Balken, heute leider verputzt. In die fränkische Diele führt eine Rundbogentür. Geometrische Stuckdecken in den Innenräumen. Ehemaliger Burgsitz der Familie Wambolt von Umstadt.

Das Alte Haus. Liegt am Markt und wurde 1555 erbaut. Alte hessische Kellerei, 1780 Fassadenänderung, heute funktionsgerecht renoviert. Im Saal des 1. Stockes ist ein kostbarer fränkischer Erker mit Masken und Fruchtgehängen eingebaut. Er stammt aus dem Ende des 16. Jahrhunderts und befand sich am ehemaligen Schulgebäude in der Mühlgasse.

Die Evangelische Stadtkirche. Am Markt, erbaut über einem römischen Gutshof. Hervorgegangen aus der im Jahre 743 erweiterten Basilika St. Peter, um 1270 umgebaut, 1488–90 erweitert zur heutigen Gestalt. Dreischiffiges Landhaus im pseudobasikalen Baustil. Im Innern Chorgestühl, Fresken im Chor und in der Sakristei, sehr viele Grabdenkmale. Südseite außen Gedächtnismal von 1462.
Die Volkshochschule bietet jedes Wintersemester ein Weinseminar an. Höhepunkt im Festkalender ist der Umstädter Herbstmarkt mit Winzerfest, der am 1. Wochenende nach dem 15. September abgehalten wird. Dann sind die tonnengewölbten Keller der Umstädter Schlösser drei Tage für den Weinfreund geöffnet.

Wanderungen

Ausgehend vom Naturparkplatz »Hainrich« läßt sich auf einer Wanderung durch die Lage »Herrnberg« eindrucksvoll die Verflechtung von Stadtgebiet, Ackerfluren und Waldregion erleben. Der Weitblick fällt auf die Feste Otzberg; über die Stadt hinweg geht er bis zur Silhouette des Taunus, die sich über der fruchtbaren Ebene im Nordwesten abhebt. Die seltene Wacholderheide-Pflanzengesellschaft mit einem alten Eßkastanienhain rundet die vielfältige Landschaft ab.
Wir befinden uns hier am Nordrand des Naturparks Bergstraße-Odenwald. Der Parkplatz, auch Ausgangspunkt für ausgedehnte Wanderungen in den Hochwald des Odenwaldes, ist an das markierte Wegenetz

des Odenwaldklubs angebunden. Zahlreiche schöne Wanderwege, die bis 360 m hoch führen, erschließen ein rund 1500 Hektar umfassendes Waldgebiet. Ein besonders reizvoller Weg führt über das Rödelshäuschen, die Sausteige zum Luftkurort Heubach, einem Stadtteil von Groß-Umstadt.

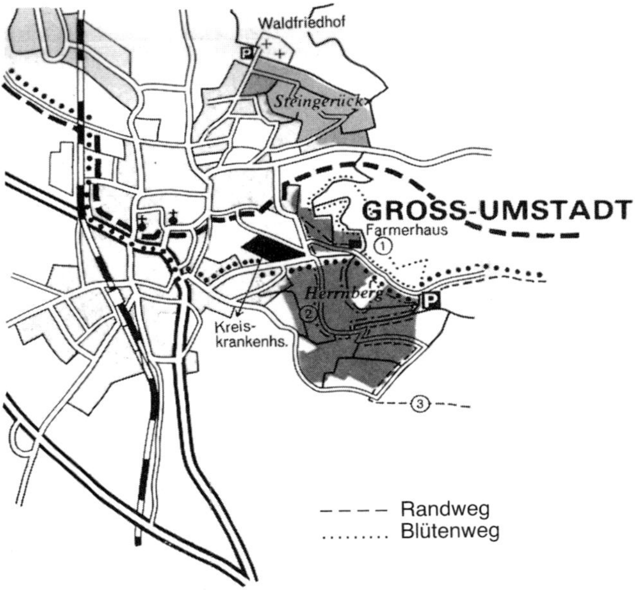

Groß-Umstädter Steingerück

Steingerück (mundartlich: Schdaagrigg) bedeutet: langgezogener »Rücken aus Stein« (ahd. rucki = Bergrükken, engl. ridge). Erste Erwähnung des Flurnamens 1428, in der mitgeteilt wird, daß das Steingerück vor 1374 aus Weingärten bestand, die den Herren von Hanau gehörten.

Vom Parkplatz am Waldfriedhof von Groß-Umstadt am besten zu erreichen. Von hier führt ein Weg am Waldrand zu den höher gelegenen Weinbergen. Von da lohnender Weitblick.

Über den Steingerück geht der Weg nach Klein-Umstadt und zum Binselberg, wo die Anbindung zur Weinstraße und zum Bachgau hergestellt wird.

□ 21 ha

[↑] Süd

[/] 10–35°

[∵] 40 Prozent Riesling, 40 Prozent Müller-Thurgau, 20 Prozent Silvaner

[B] Im Kuppenbereich Quarzporphyrverwitterungsboden; in Mulden und Flachstellen Lößhanglehm.

[C] Rassige Weine mit feinem Duft im oberen Bereich; in den Mulden eine kräftige, volle Spielart.

[L] Großlagenfrei

■ Groß-Umstädter Herrnberg

Vormals im Besitz eines geistlichen oder weltlichen Herren. Von der Hauptverkehrsader der Stadt in Richtung Kreiskrankenhaus bzw. Farmerhaus (weiße Beschilderung) zum Naturparkplatz »Hainrichsberg«. Drei Rundwanderwege erschließen diese Lage (bes. Rundweg Nr. 2). Von oben lohnende Aussicht auf den Otzberg, den Odenwald und die Dieburger Bucht.

□ 61 ha

[↑] Südost-Süd-Südwest

[/] 10–40°

[∵] 40 Prozent Silvaner, 40 Prozent Müller-Thurgau, 20 Prozent Riesling

[B] Im höheren Bereich skelettreicher Quarzporphyrverwitterungsboden (an der roten Färbung zu erkennen), im mittleren Bereich Lößhanglehm, in den tiefen Gebieten tiefgründiger Löß.

[C] Runde Weißweine; im skelettreicheren Teil säurereicher und duftiger, im flacheren, lößüberwehten Hang wuchtiger und körperreicher.

[L] Großlagenfrei

● Winzerbetriebe und Weingüter

Odenwälder Winzergenossenschaft eG, Reigelgartenweg 1, 6114 Groß-Umstadt

☎ 06078/2349 ☐ 29 ha [W] und Betriebsbesichtigungen bis 150 [O] Mo.–Sa. 9–12 Uhr, Di. 17–18 Uhr, Sa. 10–12 Uhr

Lehr- und Versuchsgut für Wein- und Obstbau, G.-A.-Zinn-Straße 103, 6114 Groß-Umstadt

☎ 06078/2611 ☐ 2,5 ha [W] und Betriebsbesichtigungen [O] Mo.–Fr. 8–12 Uhr und telefonische Vereinbarung

Weingut – Weinausschank Brücke-Ohl, G.-A.-Zinn-Straße 23, 6114 Groß-Umstadt

☎ 06078/2286 ☐ 5,5 ha [W] außer Mo., Sa. [O] täglich ab 17 Uhr,

Altbekanntes Weinhaus.

Weingut H. Christoph Eberhardt mit Hotel »Frankfurter Hof«, G.-A.-Zinn-Straße 42, 6114 Groß-Umstadt

☎ 06078/4044 oder 4045 ☐ 4,5 ha [S] [G] [R] [O] 10–14 und 16–22 Uhr [W] außer sonntags

Urgemütliche Gastlichkeit.

Weinbau H. Jourdan u. Söhne, Wächtersbacher Straße 13, 6114 Groß-Umstadt

☎ 06078/5601 ☐ 1,2 ha [O] Keller im Stadthaus, Do. 18–20 Uhr oder nach telefonischer Vereinbarung

Weinbau Lydia Schulz, Rathausgasse 4, 6114 Klein-Umstadt

☎ 06078/8331 ☐ 1,2 ha [O] nicht festgelegt [W] bis 20 Personen

Weinbau Rudolf von Krezmar, Prof.-Völzing-Ring 16, 6114 Groß-Umstadt

☎ 06078/3165 ☐ 0,5 ha [O] nicht festgelegt

Weinbau Rudolf Sturmfels, Im Stiel 10, 6114 Groß-Umstadt (Richen)

☎ *0 60 78 / 49 64* ☐ *0,4 ha* 🄾 *nicht festgelegt*

Weinbau Erich Heid, Hanauer Gasse 16, 6114 Groß-Umstadt

☎ *0 60 78 / 45 03* ☐ *0,3 ha* 🄾 *nicht festgelegt*

Empfehlenswerte Weinlokale und Gaststätten in 6114 Groß-Umstadt

»Zur Goldenen Krone«, B. Ackermann, Markt 7, ☎ *0 60 78 / 43 43*
Gutbürgerliches Gasthaus.

»Zum Brücke Ohl«, Inh. Fam. Deigner, Georg-August-Zinn-Straße 23, ☎ *0 60 78 / 7 33 84*
Altbekanntes Weinhaus.

▲ Übernachtungsmöglichkeiten 6114 Groß-Umstadt

[***] *Brüder Grimm Hotel, Krankenhausstraße 8,* ☎ *0 60 78 / 78 40*

[**] *Gasthof Hax, Georg-August-Zinn-Straße 32,* ☎ *0 60 78 / 7 34 47*
Gästehaus Jakob, Zimmerstraße 43, ☎ *0 60 78 / 20 28*

[*] *Hotel Frankfurter Hof, Georg-August-Zinn-Straße 42,* ☎ *0 60 78 / 40 44*
Hotel Taverne, Georg-August-Zinn-Straße 30, ☎ *0 60 78 / 7 34 47*

Weiteres Prospektmaterial erhalten Sie von:
Stadt Groß-Umstadt, Rathaus, 6114 Groß-Umstadt,
☎ *0 60 78 / 7 81 31*

Klein-Umstadt

Erstmals urkundlich erwähnt zu Beginn des 13. Jahrhunderts. Jungsteinzeitliche Funde (Menhir) bezeugen jedoch eine Besiedlungsepoche lange vor dieser Zeit. Der Besitz von Weinbergen wird erst im 15. Jahrhundert beurkundet, die Anfänge des Weinbaus dürften weit früher liegen. Von der ehemaligen Dorfbefestigung gibt die hochgelegene Wehrkirche Zeugnis. Heute hat der Ort 1800 Einwohner.

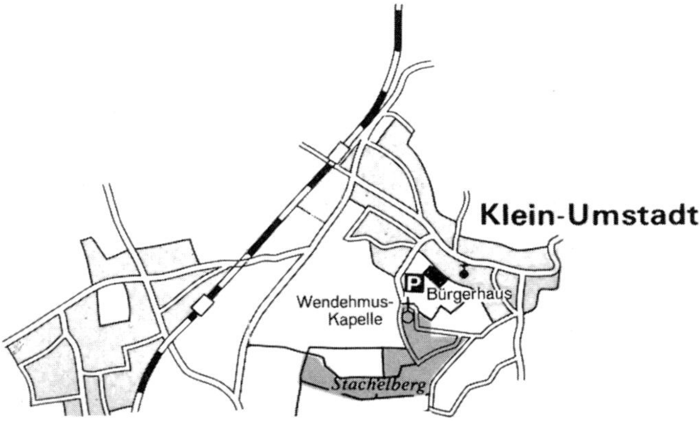

■ Klein-Umstädter Stachelberg

Das althochdeutsche Wort »stachil« = Stich, steil abfallender Hang, charakterisiert die Geländeform des südlichsten Abschnitts treffend. Dieser Steilhang hat der Gesamtlage den Namen gegeben. Erste Erwähnung des Namens »Stackelnberg« 1403. In der Mundart sind zwei Namen gebräuchlich: Schdeschelbärsch (Klein-Umstadt/Richen) und Schdachelbärsch (Groß-Umstadt).

Hofrat und Chronist J. W. Steiner (1785–1870) schrieb: »An den Südhängen von Umstadt und Klein-Umstadt reift die Traube zu kostbarem Wein, der als kräftiger Lagerwein von Auswärtigen gern gekauft und gut bezahlt

wird. Sein Feuer und sein Geschmack sind von ganz eigenartiger Beschaffenheit. Dem, welchen man an dem Umstädter Stachelberg zieht, wollen wir den Vorrang geben.«
Über Klein-Umstadt auf geteertem Weinbergsweg zu erreichen. Bei der Wendelinuskapelle parken. Von da lohnende Aussicht auf den Odenwald und die Dieburger Bucht.

☐ 17 ha

↑ Süd-Südost

/ 10–35°

∵ 20 Prozent Silvaner, 50 Prozent Riesling, 30 Prozent Müller-Thurgau

B Quarzporphyrverwitterungsböden mit geringem bis mäßigem Schotteranteil; im flachen Kuppenbereich bei der Wendelinuskapelle Lößlehm.

C Feinfruchtige, kräftige Weine von harmonischer Eleganz.

L Großlagenfrei

Weinlagen außerhalb des Stadtgebietes von Groß-Umstadt

■ Roßdorfer Roßberg

Der Weinberg wurde nach dem Zweiten Weltkrieg durch einen fachkundigen Küfer angelegt. Doch dürfte, nach der Flurbezeichnung »Im Wingert« zu schließen, schon in früheren Zeiten hier Weinbau betrieben worden sein.

□ 1,5 ha

[↑] Südwest

[/] 10–15°

[∵] Müller-Thurgau und Ruländer

[B] Lößlehm über Basalt und Rotliegendem

[C] Säurebetonte Weine, die im Charakter den Weinen des Bereichs entsprechen.

[L] Großlagenfrei

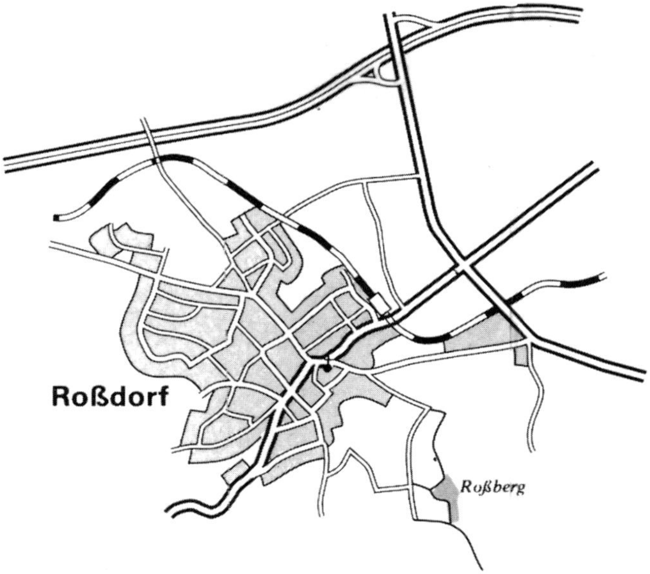

Aus den städtischen Unterlagen geht nicht genau hervor, wann der Name Wingertsberg zum ersten Mal auftaucht. Erste urkundliche Erwähnungen der Stadt Dietzenbach 1210 und 1220.

■ Dietzenbacher Wingertsberg

In dieser Lage existiert nur ein kleiner Weinberg eines selbstvermarktenden Feierabendwinzers. Der Wingert wurde 1965 angelegt.

- ☐ 0,08 ha
- [↑] Süden
- [/] 10–15°
- [∵] Ruländer und Blauer Spätburgunder
- [B] Verwitterungsboden über Melaphyr und Rotliegendem
- [C] Trockene Weine, die als Verschnittweine der beiden Rebsorten bei Tafelweinqualität die Bezeichnung »Rotling« tragen dürfen.
- [L] Großlagenfrei
  (Diese Lage wurde bisher nicht offiziell kartographiert.)

● Winzerbetrieb

Weinbau-Winzerstube Ludwig Edling, Kirchgasse 9, 6101 Roßdorf

[☎] *0 62 54 / 84 02 oder 93 54* ☐ *1,87 ha* [O] *Sa. 9–12 Uhr*

Weinausschank Di.–Fr. ab 19 Uhr, Sa./So. ab 17 Uhr.

▲ Übernachtungsmöglichkeit
6101 Roßdorf-Gundernhausen

[*] *Hotel Hessisches Haus, Hauptstraße 25,*
[☎] *0 60 71 / 4 87 62*

Bereich Starkenburg

Heute besitzt der Bergsträßer Raum mit zwei Autobahnen (E4 Frankfurt–Mannheim und E5 Darmstadt–Heidelberg) sowie der Bundesstraße 3 drei bedeutende Nord-Süd-Routen. Zusätzlich wird er durch die Bundesstraße 47 (Nibelungenstraße) von Worms nach Michelstadt und die Bundesstraße 460 (Siegfriedstraße) von Lorsch über Heppenheim nach Marbach a. N. in West-Ost-Richtung erschlossen. Die 1846 erbaute Main-Neckar-Eisenbahnlinie (Frankfurt–Darmstadt–Heidelberg) ließ das Zeitalter der Postkutschenromantik an der Bergstraße zu Ende gehen. Die Ludwigsbahn (Mainz–Darmstadt–Aschaffenburg), die mit Bahnbussen in Verbindung steht, erleichtert ihren Besuch. In Egelsbach befindet sich außerdem ein Sportflugplatz. Kurz hinter Darmstadt, der ehemaligen Residenzstadt der Landgrafen und späteren Großherzöge von Hessen-Darmstadt, eröffnet Malchen am Fuße des Frankensteins den Reigen der malerischen Orte der Bergstraße. Hier werden überwiegend Kirschen angebaut, die dem Besucher im Frühling den ersten Blütengruß darbieten.

Der »Blütenweg« und der »Randweg«

In Malchen beginnt auch der *»Blütenweg«* (Wanderzeichen: gelbes B) und führt über Seeheim, Jugenheim, Alsbach, Zwingenberg und Bensheim nach Heppenheim. Er trägt seinen Namen zu Recht, da er in seiner ganzen Länge vornehmlich durch obstbaumbestandene Gegenden führt; hier ist dann im Frühling alles am Blühen. Deswegen ist seine Begehung besonders im April/Mai zu empfehlen. Er berührt zudem die obengenannten Orte, so daß Zu- und Abgänge leicht möglich sind.

Schon in Darmstadt (Landskronstraße) hat der *R-Weg* (Wanderzeichen: weißes R) seinen Anfang. Er führt über Malchen (2½ Std.), Seeheim (3¼ Std.), Jugenheim (3¾ Std.), Alsbach (4¼ Std.), Not Gottes (5½ Std.), Hochstädter Tal (6¼ Std.), Fürstenlager (6½ Std.), Bensheim (7¼ Std.), Unter-Hambach (8¼ Std.) nach Heppenheim (9 Std.); hinter Heppenheim verläßt er Hessen und endet im badischen Heidelberg. Er wird als Randweg bezeichnet, da er meist am Waldrand entlangführt.
Bis Alsbach kann man von Darmstadt aus auch mit der Straßenbahnlinie 8 (ab Luisenplatz, alle halbe Stunde) fahren.

Seeheim

Der zweite Ort, der am Wege liegt, ist Seeheim, das bereits 874 in einer Schenkungsurkunde im Lorscher Kodex erwähnt wird. König Ludwig I., »der Deutsche«, vermachte darin seine Besitzungen in Seeheim dem Kloster Lorsch.
Der Name Seeheim rührt von »se« (ahd.) = Wasser her; nachweislich waren die Niederungen am Rande der Bergstraße früher sehr sumpfig.
Im Stadtbild erinnern einige *mittelalterliche Wohnhäuser* mit ihren gewölbten Kellern an eine Zeit, als in Seeheim erheblich mehr Wein angebaut wurde als heute.

Sehenswert

Das *Rathaus* aus dem Jahre 1599, ein zweiflügeliger Fachwerkbau mit fränkischen Erkern.
Die *Evangelische Pfarrkirche* mit frühgotischem Chorturm, das Westportal des Schiffes stammt aus dem Jahre 1503.
Altes Pfarrhaus aus dem Jahre 1589.
Schloß Seeheim, der Bau stammt aus der ersten Hälfte des 19. Jahrhunderts (seit 1955 Bibelschule).

Wanderungen

Nach *Ober-Beerbach* (Dauer ca. ½ Std.): Der Weg führt vom Ortsausgang Seeheim durch ein schönes Wald- und Wiesental, am sogenannten Schlößchen (einem guterhaltenen Ringwall) vorüber. In Ober-Beerbach liegt etwas erhöht über dem Ort die evangelische Pfarrkirche, sie stammt aus der ersten Hälfte des 14. Jahrhunderts mit spätgotischen Wandmalereien im Chorraum.

Zur *Ruine Tannenberg:* Über die Ludwigshöhe (Aussichtstempel) an der »Fünfschwesternlinde« und der Mathildenhöhe vorüber geht es zur Burgruine Tannenberg.
Sie erinnert an die Sage von Ann-Else von Tannenberg, die ihren Gatten, als Page verkleidet, aus türkischer Gefangenschaft befreite. Erhalten sind nur noch Mauer- und Fundamentreste. Altfunde der Ruine Tannenberg befinden sich im Hessischen Landesmuseum.

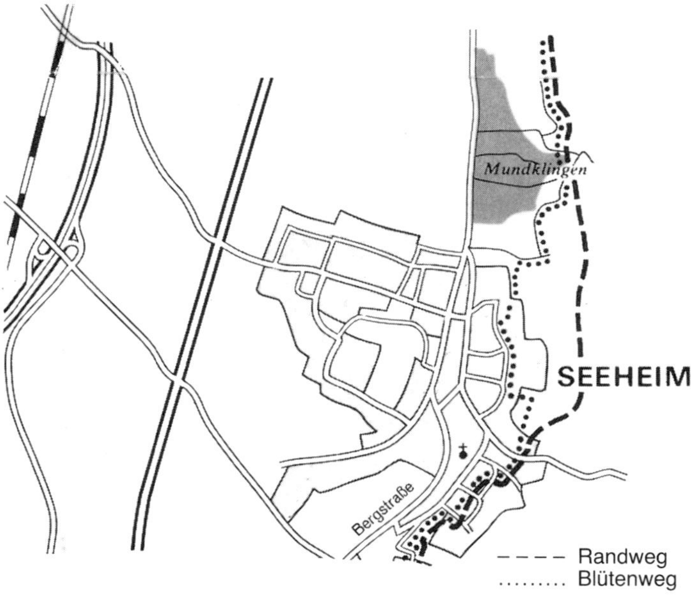

Seeheimer Mundklingen

1509 als »Munclingen«, 1534 als »mont klinge«, 1542 als »Munth Klingen« erwähnt. Klingen = kleine Schlucht, in der ein Bächlein fließt; ob das Beiwort mit Mund zusammenhängt, ist unklar.
»Seeheimer Mundklingen« ist nur auf den Etiketten des von Dr. Weiß produzierten Weines zu finden. Zwischen Obstgärten, vom Hochwald umrandet und geschützt ein

»Seeheimer Mundklingen«, eine Weininsel
an der nördlichen Bergstraße

einzelner Weinberg – eine Rarität der Bergstraße. 1937 kaufte der Vater Wilhelm Weiß das mit alten Kirschbäumen bewachsene Gelände als Wochenendgrundstück, entdeckte alte Rebstöcke und versuchte, sie durch Ableger weiter zu vermehren. Sohn Siegfried bepflanzte 1955 das ganze Grundstück mit Pfropfreben und zieht die ganze Ernte auf Flaschen.

□ 20 ha, davon ca. 2,5 ha zur Zeit mit Reben bestockt

[↑] Süd bis West

[/] hängig

[∵] Riesling 65 Prozent, gefolgt von Müller-Thurgau, Ruländer, Traminer, Scheurebe

[B] Sandiger Löß, Steingeröll, erwärmt sich schnell, hat wenig Wasserhaltekraft

[C] Leichte, süffige Weine

[L] Großlagenfrei

Jugenheim

Nach Seeheim folgt Jugenheim, das Sonntagsstädtchen der Bergstraße. 1310 als Guginheim erwähnt, ist es, am Fuße des Heiligenberges gelegen, einer der meistbesuchten Luftkurorte an der Bergstraße.

Sehenswert

Evangelische Pfarrkirche, eine im Kern frühgotische Anlage, einem Epigramm in Stein zufolge im Jahre 1263 erbaut. Innen ein sehr schönes hölzernes Kruzifix (1739), eine Arbeit von Johann Paul Eckhart aus Darmstadt, außen ein spätgotisches Sandsteinrelief, das den heiligen Michael als Drachentöter darstellt.

Ehemaliges Nonnenkloster Heiligenberg. Es wurde um 1230 von Gottfried von Bickenbach und seiner Ehefrau Agnes für Clarissen oder Franziskanerinnen gestiftet. Die Großherzogin Wilhelmine ließ 1829 eine künstliche Ruine errichten an der Stelle, wo einst die Kirche war (bei Bensheim a. d. B.).

Auf dem Heiligenberg steht jetzt noch die über 1000 Jahre alte *Zentgerichtslinde,* unter der früher die Schöffengerichte abgehalten wurden.

In der Nähe befindet sich eine *Gedächtniskapelle,* als Ruhestätte des 1888 verstorbenen Prinzen Alexander von Hessen und seiner Gemahlin erbaut. Weithin sichtbar steht auf dem westlichen Vorsprung des Heiligenberges das »*Goldene Kreuz*«, es wurde 1865 zur Erinnerung an die Großherzogin Wilhelmine († 1836) von ihren Kindern errichtet.

Schloß Heiligenberg, 1814–1816 erbaut und ab 1831 durch Georg Möller als Sommerschloß der Großherzogin Wilhelmine ausgebaut.

A. L. Grimm weiß hierüber zu berichten: »Ausgedehnte schöne Pflanzungen der edelsten Obstbäume, wohlstehende Anlagen von Weinbergen, deren Product zu den besseren Weinen der Bergstraße gerechnet werden darf, verdanken seiner Anordnung ihre Entstehung.«

Wanderungen

Nach *Seeheim:* Nördlich vom Heiligenberg führt ein Weg durch das Stettbacher Tal, eines der schönsten der Bergstraße, bergan an einigen Mühlen vorüber, schließlich links durch den Wald nach Ober-Beerbach (ca. 40 Min.). Von den drei Mühlen am schluchtartigen Eingang des Tales links geht es auf dem »Herrenweg« nach Seeheim; rechts von diesem zweigen Wege nach der Alexanderhöhe, der Ruine Tannenberg und der Mathildenhöhe ab; von da gelangt man an der Fünfschwesternlinde vorüber nach Seeheim.

Zum *Heiligenberg:* Am Eingang ins Balkhäuser Tal schlägt man, von Jugenheim kommend, in der Talmitte, wo der Fußweg stark zu steigen beginnt, linker Hand den Pfad ein: er führt durch Wiesen am Forsthaus vorüber nach dem Wald zu; weiter am Waldessaum entlang bis zum Talhof, dann rechts zum Fahrweg; und in wenigen Minuten erreicht man Balkhausen.

Auf der rechten Talseite führt der Ludwigsweg zur Terrasse des Heiligenberges; links verlaufen Fußwege zur Elisabethenruhe und zum Julienplatz.

Zur *Schloßruine Jossa:* Vom Eingang ins Balkhäuser Tal (von Jugenheim aus) schlägt man rechts den Weg zur Leonorenruhe am Lesenberg ein, der weiter zur Ruine Jossa führt.

Zum *Felsberg:* Über den Heiligenberg, durch die Anlagen hinter der Schloßterrasse leicht bergan, dann links auf dem fast ebenen Wilhelminenweg durch den Wald bis zur Kaiserbuche, benannt nach Zar Alexander II., der ein Enkel der Königin Luise von Preußen und Gemahl der Maria von Hessen war. Weiter führt der

Weg über eine Waldlichtung, die rechter Hand den Blick auf den Melibokus freigibt, dann wieder durch Wald und biegt rechts ab auf einen Fahrweg, von dem aus man den Melibokus und das Auerbacher Schloß nicht mehr aus den Augen verliert. Schließlich überquert man die Straße von Balkhausen, um weiter über das Staffeler Kreuz (Kuralpe) den Felsberg zu erreichen.

▲ Übernachtungsmöglichkeiten 6104 Seeheim-Jugenheim

[**] *Waldhotel Brandhof, Stettbacher Tal 61,* ☎ *0 62 57 / 36 13*
Hotel Jugenheim, Hauptstraße 54, ☎ *0 62 57 / 20 05*

[*] *Hotel-Restaurant Tanneck, Sandstraße 79,*
☎ *0 62 57 / 8 13 64*
Hotel zum Löwen, Bergstraße 7,
☎ *0 62 57 / 88 07*
Hotel Garni Haus Lindenhof, Seeheimer Straße 14,
☎ *0 62 57 / 33 65*

Alsbach

Südlich von Jugenheim schließt sich das Dorf Alsbach an. Es liegt im romantischsten und schönsten Abschnitt der Bergstraße. Alsbach wird in der Schenkungsurkunde des Priesters Altramus bereits 779 im Lorscher Codex erwähnt, und zwar als »Altdolfesbach« (Siedlung des Adolf). Überragt wird das Dorf von dem leicht ansteigenden Burgberg, auf dessen Gipfel vor dem Jahre 1241 die Edelherren von Bickenbach eine mächtige Feste erbauten. Bis zum Dreißigjährigen Krieg war die Burg ständig bewohnt. Die Schrecken dieses Krieges ließen auch das Dorf vollständig veröden; 1638 dürften nur noch 40–50 Einwohner in Alsbach gelebt haben, 1634 waren es immerhin noch 400.

Sehenswert

Evangelische Pfarrkirche (ehem. St. Erasmus) mit Chor aus der zweiten Hälfte des 15. Jahrhunderts mit dem Hohenloheschen Wappen, Schiff 1604–1605, Chorgestühl aus dem 17. Jahrhundert, alter Taufstein mit Holzdeckel aus dem Jahre 1614.
Alsbacher Schloß im 17. Jahrhundert verfallen. Von der Kernanlage sind die innere Ringmauer, der mächtige, runde Bergfried sowie Fenster, Kragsteine und Kellerreste der Wohnbauten erhalten.

Wanderungen

Schöne Spazierwege führen von Alsbach aus am Waldsaum entlang nach den »*Vier Haimonskindern*«, einem Ruheplatz im Schatten einer Gruppe eigenartig ineinander verschlungener Buchen. Vier Buchen aus einer Wurzel – vier Ritter auf einem Pferd!
Die Erinnerung an eine alte Sage, von der ein Volksbuch berichtet, wird wach: Nach dem Tode des Vaters

»Alsbacher Schöntal« mit Alsbacher Schloß

zogen die vier Söhne des Ritters Haimon durch den »Odinwald«. Sie bestanden gefährliche Abenteuer und befreiten eine Prinzessin – die geraubte Tochter des Grafen von Darmundestadt, die auf einer Burg im tiefen Wald gefangengehalten wurde. Die unzertrennlichen Brüder ritten alle vier auf Bayard, dem Streitroß des Vaters.

Von dieser lauschigen, mit Bänken versehenen Anlage führt der Weg weiter *zur Ludwigshöhe und nach Jugenheim.*

Zum *Alsbacher Schloß* wandert man in einer halben Stunde auf der südlichen Ortsstraße, an der Kirche vorüber und weiter vom Dorfende durch die Talschlucht.

Vom Alsbacher Schloß läßt sich der *Melibokus* (517 m), an dessen Abhang das Schloß liegt, auf einem steilen *Diebspfad* in einer dreiviertel Stunde ersteigen, auf dem Fahrweg in einer Stunde. In südlicher Richtung führt der schöne und bequeme Herrenweg in vielen Windungen an den Abhängen des Melibokus durch prächtigen Buchenwald in 1¼ Std. zum Auerbacher Schloß (s. dort); von diesem Wege rechts abzweigend, gelangt man durch die reizenden Orbisanlagen in einer halben Stunde nach Zwingenberg und in einer Stunde nach Jugenheim. Der Aussichtsturm in der Alsbacher Schloßruine steht 257 m über NN; er ist über den Schloßhof zu erreichen (montags geschlossen).

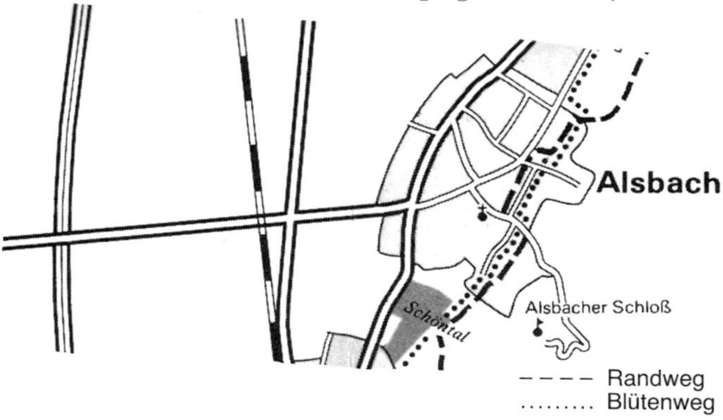

■ Alsbacher Schöntal

1501 »wyngart gelegen im schyntal«, 1504 »schintal«, 1514 »schintil«, 1527 »im schyntal«, 1714 »im Schönthal«.
Die Gemeindevertretung von Alsbach-Hähnlein hat die Anmeldung der Lage einstimmig am 25. April 1978 beschlossen. Schon vor diesem Termin waren hier Weinberge. Die Weine wurden unter der Großlagenbezeichnung »Auerbacher Rott« in den Verkehr gebracht. Die kleinparzellierten Weinberge sind zwischen Obstgärten und Wiesen angelegt. Enge Schluchten, vom Melibokus bis zur Ortsgrenze herunterführend, durchschneiden den Rebhang. »B«- und »R«-Weg führen mitten durch die Lage.

☐ 6 ha

[↑] West bis Südwest

[/] hängig

[∵] Riesling 60 Prozent, Müller-Thurgau 40 Prozent

[B] Tiefgründiger Löß-Lehm

[C] Vollmundige, ausdrucksvolle Weine

[L] Rott

▲ Übernachtungsmöglichkeit 6146 Alsbach-Hähnlein-Alsbach

[*] *Zur Sonne, Hauptstraße 28,* [☎] *0 62 57 / 35 15*

Der Melibokus

Bevor wir uns der Stadt Zwingenberg zuwenden, fordert der schon mehrmals erwähnte Melibokus (auch Melibocus), der höchste Berg an der Bergstraße, unsere Aufmerksamkeit. Steil emporstrebend, zieht er den schweifenden Blick von ferne an: Wahrzeichen und Beherrscher der Bergstraße – oder ihr Hüter. Schon vor Jahrhunderten trafen auf seinem Gipfel die Alsbacher Grenze mit der von Bensheim und Auerbach zusammen, und noch heute stoßen hier die Landkreise Darmstadt-Dieburg und Bergstraße aneinander.

Der 517 m hohe Melibokus wird in einer Urkunde aus dem Jahre 1012 als »mons Malscus« erwähnt. Er hat außer Melibokus noch viele Namen: »Spitzberg«, »Malberg« und »Malschen«; der zuletzt genannte ist in der Umgangssprache am häufigsten anzutreffen. In der Hessischen Chronik von Dilich aus dem Jahre 1603 lesen wir: »Melibocus, so noch anheut von den inwohnern der Malcheberg genent. Ist ein sehr hoher spitziger berg, obig dem alten bergschloß Bickebach.« Die Bezeichnung Malschen könnte von ahd. »malsc« = hochragend hergeleitet werden.

Vom Melibokusturm bietet sich eine einzigartige Aussicht: weit reicht der Blick über Wald und Ried, über die Rheinebene und den blitzenden Strom bis hin zum Wormser Dom, zum Pfälzer Wald mit dem Donnersberg im Norden und der Kalmit im Süden.

Zwingenberg

Direkt am Fuße des Melibokus, der hier zwei sanftgerundete Vorhöhen bildet, liegt das Städtchen Zwingenberg. Durch das Vordringen des Berges in die Ebene wird die Straße weiter vorgeschoben, worauf sie eine scharfe Biegung macht. Sümpfe schufen hier eine schmale Durchgangsstelle, durch Befestigungen leicht zu überwachen. An dieser für den Verkehr wichtigen Stelle entstand Zwingenberg. Es ist die kleinste der drei Bergstraßenstädte und konnte sich durch seine Lage den Kontakt zu der Straße am ehesten bewahren. Den ersten Nachweis einer Siedlung erbringt eine Schenkungsurkunde aus dem Jahre 1254.

Schon im Jahre 1274 verlieh König Rudolf von Habsburg – auf die Bitte des Grafen Dieter von Katzenelnbogen hin – Zwingenberg das Marktrecht und die Freiheiten einer Stadt. Ihre Bewohner waren zum größten Teil Ackerbürger und kleine Handwerker, das änderte sich auch im Laufe der Jahrhunderte kaum. Durch die Lage bedingt, blieben ihre Entfaltungsmöglichkeiten begrenzt. Sie geriet wiederholt in große Not und wurde in schreckliche Kriegswirren hineingezogen. Der Dreißigjährige Krieg brachte ihr große Drangsal durch die durchziehenden Truppen jeder Partei, die sich in Zwingenberg breitmachten und furchtbar hausten. Während des Pfälzischen Erbfolgekrieges (1688–1697) kam der »schwarze« Tag in der Geschichte Zwingenbergs. Es war der 4. Juli 1693; da erschienen die Franzosen zum zweitenmal innerhalb von vier Jahren an der Bergstraße, und Zwingenberg ereilte das gleiche Schicksal, das die Städte Heidelberg, Worms und Speyer erduldet hatten.

In dem Bericht des Amtmannes Rays wird gemeldet: »Die Stadt Zwingenberg ist inwendig der Mauern bis auf die Kirch, das Schulhaus und noch elf schlichte Häuser auf dem Berg völlig und aus dem Grund abgebrannt.« Und weiter: »Die Weingärten, so an der Straße gelegen, sind zerritten, die Pfähle herausgerissen, die Stöcke abgeschnitten.« Die Zerstörung war gründlich und die Folgen nachhaltig. In einer Eingabe der Stadt Zwingenberg an den Landtag aus dem Jahre 1700 lesen wir die Klage: »Sind der Stadt Weinberge durch den Feind dergestalt verwüstet worden, daß solche noch diese Stund nicht in Stand zu bringen gewesen.« Die Stadt erholte sich allmählich, fand aber nicht mehr zu ihrer früheren Bedeutung zurück. Ihren »Reichtum« macht heute vor allem ihre malerische Lage aus, dazu ihre fruchtbare Umgebung und das Blühen und Reifen an den Hängen und in den Gärten. Im Innern der Stadt überraschen verschwiegene Winkel und Gäßchen. Einige wenige Bauten aus der Zeit des Mittelalters – sie sind um so kostbarer – erinnern an die wechselvolle Vergangenheit.

Sehenswert

Die *alte gotische Bergkirche, heute evangelische Pfarrkirche.* Sie steht auf einer befestigten Terrasse in beherrschender Lage. Bei der Zerstörung der Stadt 1693 wurde die Kirche zwar nicht ein Raub der Flammen, doch sie hat stark gelitten. Es kam 1701–1706 zu einer gründlichen Reparatur. Die Ummauerung des ehemaligen Wehrkirchhofs ist größtenteils erhalten geblieben.

Das *sogenannte Schlößchen,* ein altes Wasserschloß, wird heute als Rathaus benutzt; es steht im Nordwestwinkel der Unterstadt. Die ältesten Bauteile stammen aus der Zeit von Eberhard von Bischofsrode, der Anfang des 16. Jahrhunderts als Amtmann das Auerbacher Schloß, ehemals Sitz der Hessen-Darmstädter Hofbeamten, bewohnte. Heute zeigt sich das im ausgehenden 18. Jahrhundert renovierte Hauptgebäude als zweigeschossiges, rechteckiges Giebelwohnhaus mit ziegelgedecktem Satteldach und quadratischem Treppenturm an der Nordseite.

»Zwingenberger Alte Burg«
mit evangelischer Kirche und Melibokus

Die *ehemalige Amtskellerei* wurde 1561–1563 von Landgraf Philipp dem Großmütigen als fürstliches Haus und Jagdschloß errichtet; auch sie wurde 1693 zerstört und zu Beginn des 18. Jahrhunderts auf den alten Mauern wieder aufgebaut.
In dem sehr malerischen Stadtkern fällt vor allem ein altes Bürgerhaus auf, das Haus Auf dem Berg 4/6.
Der Löwenplatz wird von dem berühmten *Gasthof »Zum Löwen«* beherrscht. Ernste und heitere Ereignisse haben sich in diesen Räumen abgespielt. Einer der Löwenwirte, Georg Dieffenbach (1787–1848), setzte sich mit anderen Vorkämpfern für den Erlaß einer landständischen Verfassung im Großherzogtum Hessen ein, und zwei wichtige Versammlungen wurden 1819 in seinem Gasthaus abgehalten.
1820 kam es zur Einführung des Verfassungswerkes; der »Löwe« aber wurde daraufhin ehrenvoll als »Wiege« der hessischen Verfassung bezeichnet. Von 1845 bis 1866 beherbergte er die Thurn-und-Taxissche Posthalterei.
Hier dichtete Viktor von Scheffel in ausgelassener Stimmung das bekannte Spottlied: »Als die Römer frech geworden.« Dabei mag der gute Bergsträßer Wein Pate gestanden haben.

Wanderungen

Zum *Alsbacher Schloß* – am Nordende der Stadt biegt man von der alten Bergstraße rechts ab, gelangt zu den Orbisanlagen und weiter zum Alsbacher Schloß (ca. ½ Stunde).
Auf den Luziberg wandert man vom Gasthof »Zum Löwen« in östlicher Richtung; linker Hand auf einem Hohlweg, an Gärten vorbei, dann rechts auf den Fahrweg, der im Walde von schattigen Fußwegen begleitet wird. Von der Höhe des Luziberges hat man einen herrlichen Ausblick auf das Auerbacher Schloß, den

Kirchberg (Bensheim), die Starkenburg, die Rheinebene, die Dome von Speyer und Worms, die Haardt und den Donnersberg.

■ Zwingenberger Alte Burg

Benannt nach der auf das 13. Jahrhundert zurückgehenden Burg, einem Wasserschloß. Die Flur im Osten der Stadt heißt schon 1472 »hinder der alten Borge«.
Warme, geschützte Lage, die von den letzten Häusern des Ortes bis zum Melibokuswald steil, im oberen Teil malerisch terrassiert ansteigt.
In nassen, kühlen Weinjahren werden hier die höchsten Mostgewichte der Bergstraße erreicht, in heißen Jahren leiden die Reben unter Trockenschäden.
Es wird empfohlen, den Wagen am besten am Ortsrand zu parken und auf einem Spaziergang durch die Steillage die Aussicht auf Zwingenberg und die Rheinebene zu genießen.

☐ 8,6 ha

[↑] Westen

[/] steil

[∵] Riesling 80 Prozent, gefolgt von Silvaner

[B] Kies, flach- bis mittelgründiger Verwitterungsboden; teilweise leichte Böden mit sandigem Lehm.

[C] Frische, herzhafte Weine mit einer feinen Säure, nicht zu schwer, idealer Schoppenwein mit einem, wie die Einheimischen es bezeichnen, »leichten Bodenton«.

[L] Rott

■ Zwingenberger Steingeröll

Kleines Felsenmeer, Ansammlung von Felsen. Die an steilen Hängen liegende Lage erfordert eine mühevolle manuelle Bewirtschaftung.
Ein gut ausgebauter Weg führt in die bis zu den ersten Häusern Zwingenbergs herabreichenden Weinberge. Der Rundblick von der Höhe ist lohnend. In unmittelbarer Nähe befindet sich ein schattiger Grillplatz.

☐ 22,5 ha

[↑] West bis Südwest

[/] hängig bis sehr steil

[∵] Riesling 80 Prozent, gefolgt von Silvaner

[B] Lehm und Kies, mittel- bis tiefgründige Lößlehmböden, frische, garebereite Böden mit geringem Kalkgehalt.

[C] Kernige, kräftige Weine mit einer herzhaften Rieslingsäure.

[L] Rott

● Winzerbetriebe und Weingüter

Weinkellerei und Weinschänke Rebenhof Bernhard Gärtner, Gartenfeld 26, 6144 Zwingenberg

[☎] *06251/76368* ☐ *vorhanden* [G] [O] *Mo., Di., Do., Fr., Sa. 10–19 Uhr, Mi. 10–13.00 Uhr und nach Vereinbarung*

Gutsausschank jeweils Freitag, Samstag, Sonntag.

Weingut Kurt Simon, Wiesenpromenade 18, 6144 Zwingenberg

[☎] *06251/76446 oder 73830* ☐ *2 ha* [O] *Mo.–Fr. 9–12.30 und 17–19 Uhr, Sa. 9–15 Uhr*

Weinbau und Gaststätte Georg Nickels, Obergasse 1, 6144 Zwingenberg

[☎] *06251/72182* ☐ *1 ha* [R] [O] *So.–Fr. 10–13 und ab 15 Uhr*

Empfehlenswerte Weinlokale und Gaststätten in 6144 Zwingenberg

Hotel »Zum Löwen«
Löwenplatz 6, ☏ 0 62 51 / 7 11 34
Historisches Haus, bis 200 Plätze.

Gasthaus »Zum Adler«
Obertor 10, ☏ 0 62 51 / 7 29 18
Gemütliches Speiselokal.

Gasthaus »Zur Traube«
Heidelberger Straße 23, ☏ 0 62 51 / 7 11 83
Bürgerliches Weinlokal.

Weinstube »Rebscheuer«
Historische Scheuergasse 10, ☏ 0 62 51 / 7 63 50

Weinhaus »Ratsstübchen«
Obergasse 1, ☏ 0 62 51 / 7 21 82
Eigener Weinbau.

Weinstube »Zum Ochsen«
Obergasse 15, ☏ 0 62 51 / 7 24 41
Kleine, gemütliche Weingaststätte; seit 1765.

▲ Übernachtungsmöglichkeiten 6144 Zwingenberg

[**] *Hotel Freihof, Marktplatz 8, ☏ 0 62 51 / 7 95 59*
Hotel Zur Bergstraße, Bahnhofstraße 3, ☏ 0 62 51 / 7 60 35

[*] *Hotel zum Löwen, Löwenplatz 6, ☏ 0 62 51 / 7 11 34*
Hotel zur Traube, Heidelberger Straße 23, ☏ 0 62 51 / 7 11 83

Weiteres Prospektmaterial erhalten Sie von:
Stadt Zwingenberg, Rathaus, 6144 Zwingenberg/Bergstraße, ☏ 0 62 51 / 7 30 21

Auerbach

Seit 1939 ist Auerbach ein Stadtteil von Bensheim; das Jahr seiner Ersterwähnung ist nicht mit Sicherheit festzustellen, nach den neuesten Forschungen 784 oder 786. Der Name »Aue« geht mit Wahrscheinlichkeit auf das ahd. Wort uro, mhd. ûr = Auerochse zurück. So wird in den ersten Quellen der Ort stets mit Urbach benannt. Anfang des 13. Jahrhunderts erscheinen die Grafen von Katzenelnbogen als die Herren des Landes um den Urberg und des an seinem Fuß liegenden Ortes Urbach. Starke Mauern und stattliche Türme machten sie zu einer kaum einzunehmenden Befestigung. 1479 ging der Auerberg mit Auerbach an das Haus Hessen über. Unter den hessischen Landgrafen blieb der Auerberg zunächst noch Sitz eines fürstlichen Amtes mit einer Kellerei; im 16. Jahrhundert erfolgte dann dessen Verlegung nach Zwingenberg. Damit verlor das Schloß seine Bedeutung und verfiel bis zum 19. Jahrhundert mehr und mehr.
Im Zeitalter der Romantik fühlten sich vor allem Studenten und Maler von dem geheimnisvollen Reiz der verlassenen Burg angezogen; sie fanden in den stimmungsvollen Ruinen zahlreiche Anregungen und Motive für Skizzen und Gemälde. Wie damals, so auch heute, bildet es eines der schönsten Denkmäler aus mittelalterlicher Zeit. Seit kurzer Zeit befindet sich ein Restaurant mit Café in der Ruine.

Die *Heilquelle:* Im Gegensatz zum Verfall des Schlosses bedeutete die Entdeckung und Fassung einer mineralischen Heilquelle für Auerbach den Beginn einer neuen Blütezeit. Die Heilquelle wurde im Jahre 1738 erstmals gefaßt, bekannt als der »gute Brunnen«. Landgraf Ludwig VIII. (1739–1768) ließ hier ein anmutiges Sommerschlößchen errichten. Unter Landgraf Ludwig X. (1790 bis 1830, seit 1803 als Ludwig I. Großherzog) erfuhr mit dessen Hochzeit 1783 das Fürstenlager seine Glanzzeit.

»Auerbacher Höllberg« mit Auerbacher Schloß

Die meisten Bauten, wie sie noch heute zu sehen sind, entstanden zwischen 1792 und 1795: das sogenannte Herrenhaus, das sich durch seine Zweigeschossigkeit mit Balkon und Walmdach abhebt; der Damenbau neben der Quelle, gegenüber der Prinzenbau, das Wachhaus mit Uhrtürmchen und das Weißzeughäuschen.
Die Anlage in dem stillen Tal liegt eingebettet in einer Waldlandschaft. Neben Buchen, Tannen und Eichen sind auch zahlreiche ausländische Baumarten anzutreffen.
Die Quelle ist längst versiegt; heute ist Bensheim-Auerbach ein anerkannter Luftkurort.

Sehenswert

Die *evangelische Pfarrkirche,* als Bergkirche auf felsiger Anhöhe über dem Ort gelegen; der Westturm mit Spitzhelm und kreuzrippengewölbter Turmhalle stammt aus dem Jahr 1479.
Die *»Not Gottes«*, eine Kapelle im Tal zwischen Melibokus und Auerbacher Schloß. An gleicher Stelle soll sich im 15. Jahrhundert eine Einsiedelei befunden haben.

Wanderungen

Ins *Fürstenlager* gelangt man vom Hotel zur Krone, indem man dem Bachlauf aufwärts folgt, vorbei an der Kirche (Aussicht). Von dort erreicht man über die Augustenruhe in einer Viertelstunde den Altarberg. An der Hütte bietet sich eine weite Aussicht auf die Rheinebene mit Worms, Speyer, Mannheim, die Starkenburg usw. Ein auf der Höhe in südöstlicher Richtung laufender schattiger Weg führt dann zum Aussichtstempelchen im Fürstenlager, dem Herrschaftshaus gegenüber.
Durch das *Hochstädter Tal* führt ein Weg am oberen Dorfende links dem Bache nach durch ein enges, von

bewaldeten Höhen eingeschlossenes Tälchen, an einigen Mühlen vorüber zum Goethebrunnen (ca. ½ Stunde). Von hier geht es rechts ab zum Auerbacher Forsthaus und über die Eremitage, die Neun Aussichten und die Champignons zum Fürstenlager. In der Nähe des Goethebrunnens liegt das Marmorbergwerk mit großen unterirdischen Hallen, dessen Besuch lohnend ist.

Vom Goethebrunnen talaufwärts ist man in wenigen Minuten in Hochstädten, von dort gelangt man in ca. einer halben Stunde nach Balkhausen und in einer weiteren halben Stunde nach Jugenheim.

Hinweis auf markierte Wanderwege des Odenwaldclubs:

Nebenlinie 12 F (gelb): Auerbach – Hochstädten – Felsberg – Kuralpe – Steigerts – Seeheim – Frankenstein.

Nebenlinie 13 (weiß): Auerbach – Fürstenlager – Borstein – Reichenbach – Knoden – Seidenbuch.

Nebenlinie 14 (gelb): Auerbach – Fürstenlager – Schloß Schönberg – Schönberg – Gronau – Schannenbach – Jägerrast – Lindenstein – Helenenruhe – Starkenburg – Heppenheim.

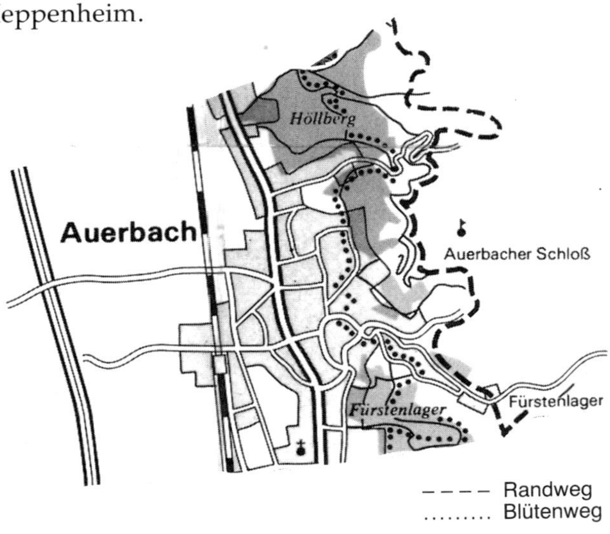

Auerbacher Höllberg

1514 als »Holchenberg«, 1619 als »Hölberg«, 1711 als »Hellenberg« überliefert; vermutlich von Helle (ahd. halda) = Halde, Abhang.
Vom Rand des Melibokuswaldes bis zu den Villen des Kurviertels von Auerbach herabreichend, ist die Lage außer dem oberen steilen Teil ein leicht geneigtes, welliges Plateau, durch längs- und quergezeilte Parzellen lebendig gestaltet. Wir empfehlen, den Weg zum Auerbacher Schloß zu nehmen und den Wagen auf dem Parkplatz »B« abzustellen. Der mit »B« markierte »Blütenweg« führt in die Weinbergslage mit herrlichem Blick auf die Rheinebene.

68 ha

Südwest- bis Westhang

mittel bis steil

Riesling 55 Prozent, gefolgt von den meisten an der Bergstraße angebauten Rebsorten.

B Sand bis Granitverwitterung, ein leichter, mittelgründiger Boden, teilweise einzelne Lehmadern dazwischen.

C Die Weine dieser Lage werden nur in einem Familienbetrieb ausgebaut, es sind meist frische, herzhafte Weine mit einem betonten Säurespiel; besonders die Rebsorte Müller-Thurgau bringt hier hervorragende Weine.

L Rott

Auerbacher Fürstenlager

Benannt nach den um eine Heilquelle errichteten Gebäuden, die zeitweise als Sommeraufenthalt der großherzoglich Hessen-Darmstädter Familie dienten.
Heute gepflegte Parkanlage, Ausflugsziel und Restaurant mit guter Weinkarte. Die Weinberglage beginnt am Ortsrand von Auerbach und wird durch das vom Odenwald herabführende Mühl- und Emmental sowie das Fürstenlager in vier Parzellen zerteilt. Der Bergsträßer Blütenweg (Markierung »B«) führt durch das untere Drittel der Lage.

Das ursprüngliche Flurstück »Fürstenlager«, oberhalb des Parkes gelegen, umfaßte nur 3 Hektar. 1971 kamen die Fluren des ursprünglichen »Auerbacher Rott« hinzu, und die sich von Schönberg bis Alsbach erstreckenden Einzellagen erhielten den Großlagennamen »Auerbacher Rott«.

□ 43 ha

[↑] Süd- bis Westhang

[/] 10 bis 25°

[∵] Riesling 70 Prozent, gefolgt von Silvaner, Müller-Thurgau, Ruländer

[B] Sandiger Lehm – Granitverwitterung; in den Schluchten Löß.

[C] Leichte, frische, von einer fruchtigen Säure geprägte Weine. Auf den Etiketten ist der Name »Auerbacher Fürstenlager« selten zu finden, da sie meist mit der Großlagenbezeichnung »Auerbacher Rott« angeboten werden.

[L] Rott

Bensheim und Schönberg

Die Stadt Bensheim gehört zu den ältesten Siedlungen an der Bergstraße. Ein Jahr nach der Gründung des Klosters Lorsch (764) wird das heutige Bensheim als »Basinsheim« erstmals urkundlich erwähnt.
Die keltische Namensform »Basinsheim« deutet auf eine Siedlung in der Nähe eines Sumpfes hin, was für die Gegend in vorgeschichtlicher Zeit zutraf.
Schon im Jahre 956 wurde dem zur Fürstabtei Lorsch gehörigen Dorf »Basinesheim« vor allen anderen ländlichen Siedlungen Süddeutschlands durch Kaiser Otto I. das Marktrecht verliehen; ein Zeichen seiner wirtschaftlichen Vorrangstellung.
Nach der Auflösung der Fürstabtei Lorsch kam Bensheim im Jahre 1232 zum Kurfürstentum Mainz, mit dessen politischer Geschichte es weiterhin bis zum Jahre 1461 (Verpfändung an Kurpfalz bis 1623) verbunden blieb. 1301 wurde Bensheim von König Albrecht I., der im Streit mit den rheinischen Kurfürsten lag, eingenommen, und sein tapferer Widerstand wurde mit Brandschatzung bestraft. Im Jahre 1320 verlieh der damalige Territorialherr, der Mainzer Erzbischof Peter von Aspelt, seiner »festen Stadt Bensheim« alle Rechte und Freiheiten, wie sie die anderen Städte des Reiches besaßen.
1461 verpfändete Erzbischof Dieter von Isenburg an den Kurfürsten Friedrich »den Siegreichen« von der Pfalz gegen die Zahlung von 100 000 Goldgulden die ganze Mainzische Bergstraße mit den Orten Heppenheim, Bensheim, Mörlenbach einschließlich aller Dörfer und Zubehörden, ferner die Vogtei über das Kloster Lorsch. Zugleich fiel das sogenannte »Bergsträßer Geleit«, das heißt das Recht und die Pflicht, den Kaufleuten gegen eine Abgabe von der Landesgrenze bei Laudenbach bis nach Frankfurt Geleitschutz zu geben, an den Kurfürsten. Die Stadt genoß in dieser »Pfälzer

»Bensheimer Streichling« mit dem Hohberg

Zeit« besonderes Ansehen und entwickelte ein selbstbewußtes Bürgertum.
Auch über Bensheim brachen die Wogen des Dreißigjährigen Krieges herein. Im Jahre 1637 hausten die Kroaten »zu Bensheim dergestalt, daß nicht ein Ofen, Faß oder Zuber ganz geblieben«. 1644 bei der Erstürmung der Stadt durch die Bayern unter dem tapferen Johann von Werth legte eine Feuersbrunst viele Häuser in Asche. Aus dieser Zeit stammt die Sage von der »Frau von Bensheim«. Sie führte die Bayern – es war nach der Nördlinger Schlacht – durch einen unterirdischen Gang vom Schönberger Tal aus zur Nachtzeit in die von den Franzosen belagerte Stadt. Seither die Redensart: »Hinne rum, wie die Fra von Bensem.«
1803 kam die Stadt Bensheim an Hessen-Darmstadt, und allmählich erholte sie sich von den Heimsuchungen der Vergangenheit.
Bensheim ist inzwischen längst über seine ehemalige Begrenzung durch die Stadtmauer hinausgewachsen und weitet sich mit Gärten und Villen in die fruchtbare Landschaft aus. »Stadt der Blüten und des Weins« wird es mit Recht genannt. Weinberge berühren die Wohngegenden, ländliches und städtisches Leben verschmelzen.
Beeindruckend sind im Inneren des Stadtbildes die Zeugen der stolzen Vergangenheit: Portale, Brücken und Türme und vor allem die meisten im Fachwerkstil erbauten ehemaligen Adelshöfe. Einige davon konnten durch Sanierung der Allgemeinheit zugängig gemacht werden und bekamen neue Aufgaben.

Sehenswert

Die *katholische Pfarrkirche St. Georg* (ehemalige Wehranlage), die leicht erhöht über dem Marktplatz liegt. Die im Jahre 771 bereits urkundlich erwähnte Kirche St. Michael und der Bau aus dem 12. Jahrhundert sind

»Bensheimer Kirchberg« mit Kirchberghäuschen

nicht erhalten. Der 1824 von dem Darmstädter Baumeister Georg Moller entworfene Neubau, der 1826–1830 ausgeführt wurde, brannte im Zweiten Weltkrieg aus. Beim Wiederaufbau 1950 wurde die Doppelturmfront als dreischiffige Basilika errichtet. Die zwei Gemälde über den Seitenaltären stellen St. Georg und die Madonna mit Engeln dar.

Das *Kapuzinerkloster* wurde im Zuge der Gegenreformation gegründet. Die 1653–1662 erbaute Kirche wurde im Zweiten Weltkrieg zerstört und 1948 durch einen Neubau ersetzt. Nach der Säkularisation nahm das Kloster ein kath. staatliches Lehrerseminar auf, seit 1919 ist es wieder im Besitz der Kapuziner.

Das *Heiliggeist-Hospital* (heute Krankenhaus) liegt in der ehemaligen Vorstadt; die Spitalkirche stammt noch aus dem 15. Jahrhundert.

Der *ehemalige Lorscher Klosterhof* (Marktplatz 14) gehörte zur Kirchenbefestigung. Heute befindet sich hier das Bergsträßer Heimatmuseum.

Der *ehemalige Walderdorffer Hof* (Obergasse 26–32) ist nach Ansicht von Fachleuten das älteste Fachwerkhaus im südhessischen Raum. Das Haus dürfte um das Jahr 1475 erbaut worden sein und gelangte im 16. Jahrhundert in den Besitz der Familie Walderdorff. 1964 bzw. 1975 kam der Hof an die Stadt Bensheim und wurde im Rahmen der Stadtsanierung umgebaut und modernisiert. Nach seiner Renovierung beherbergt der Walderdorffsche Hof nun ein Weinlokal.

Der *ehemalige Hohenecker Hof* (Hintergasse 8), ein dreigeschossiges Haus, gehört auch zu den alten Adelshöfen. Nachdem er im 19. Jahrhundert renoviert wurde, blieben nur noch Giebel und Seitenbau von der ursprünglichen Bausubstanz erhalten.

Der *ehemalige Rodensteiner Hof* (Darmstädter Straße 5), jetzt Stadtverwaltung, ist ein prächtiger Bau aus dem Jahre 1739 mit reich verziertem Portal und einer Tordurchfahrt.

Der *ehemalige Wambolter Hof* (Wambolterhofstraße 6), ein stattlicher barocker Bau, über zwei Jahrhunderte Familienbesitz eines bekannten Adelsgeschlechts. Der Erbauer (1743 fertiggestellt) war Franz Philipp Caspar Freiherr Wambolt von Umstadt (1683–1748), seines Zeichens Kurtrierer und Kurmainzischer Geheimer Rat, Generalfeldzeugmeister, Kommandant der Festung Ehrenbreitstein, Gouverneur von Mainz sowie Burggraf und Oberamtmann zu Starkenburg.

Der Wambolter Hof gelangte 1919 an die Stadt Bensheim, wurde durch Fliegerbomben im Zweiten Weltkrieg schwer beschädigt, 1973 geräumt und sollte schon abgebrochen werden, als sich die Stadtverwaltung im Rahmen der Stadtsanierung für die Wiederherstellung entschied (1976 abgeschlossen).

Der *ehemalige Dalberger Hof* (jetzt Hotel-Restaurant am Bürgerhaus) erinnert an das berühmte Rittergeschlecht der Dalberger, aus dem Kanzler und Bischöfe hervorgingen.

Der Adelshof, aus dem 15. Jahrhundert stammend, wurde wiederholt umgebaut und inzwischen stark erneuert.

Die *alte Kellerei* (Mathildenstraße), jetzt Teil des Krankenhauses, um 1600 erbaut, Fachwerkstil über massivem Untergeschoß.

Das *ehemalige Hochzeitshaus* (Hauptstraße 48), ein spätgotischer Fachwerkbau, geht auf das frühe 16. Jahrhundert zurück.

Von der starken und umfangreichen Stadtbefestigung sind nur noch Reste erhalten: die Seitentürme der beiden Rinnentore, der Bürgerturm (15. Jahrhundert mit Wehrgeschoß), der Dalberger-Hof-Turm (mit Barockhaube) sowie Teile der Mauer hinter der Obergasse.

Bergsträßer Heimatmuseum (Marktplatz 11).

Das *Schloß Schönberg* (im 1939 eingemeindeten Vorort).

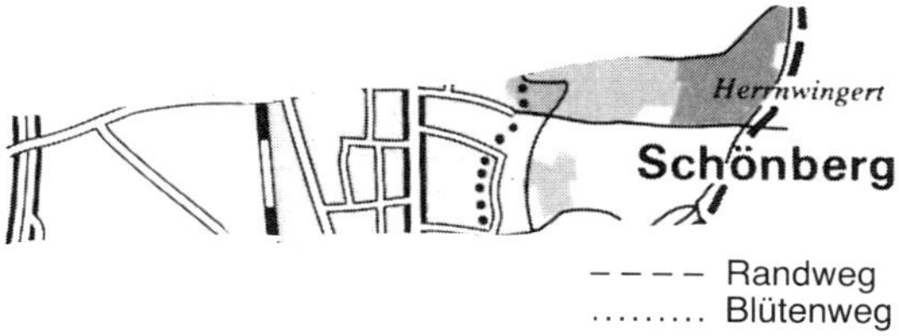

Schönberger Herrenwingert

Weinberg eines geistlichen oder weltlichen Herren. Die Grafen von Erbach-Schönberg waren die früheren Besitzer. 1923 wurden 2 ha Weinberge von der Weinbaudomäne Mainz übernommen. Heute ist der seit 1953 vollarrondierte Weinberg im Alleinbesitz des Staatsweingutes. Von Wäldern umgeben, hoch über den anderen Weinbergen und abseits des Rheintales gelegen, wird der Herrenwingert auch der »Steinberg« der Bergstraße genannt – in Anlehnung an den Rheingauer gleichgearteten Weinberg bei Kloster Eberbach.

11 ha

Südhang

hängig

Riesling 60 Prozent, Rest Müller-Thurgau und Weißburgunder

B Sandiger Lehmboden. Zum Teil Sandboden, ähnlich den Auenböden des Rheins, leicht erwärmbar, aber auch stark erosionsgefährdet.

C Die Weine weisen Frucht und viel Rasse auf; die markante Säure vermittelt auch in heißen Jahren mit überreifem Lesegut stahlige, kernige Weine. Selbst Müller-Thurgau und Weißburgunder weisen rassige, feingliedrige Weine auf.

L Rott

Schloß Schönberg (im Ortsteil)

Heute Erholungsheim der Ruhrknappschaft; markantestes Bauwerk der Gegend. Von seiner ersten urkundlichen Erwähnung im Jahre 1303 bis nach dem Zweiten Weltkrieg war es Besitz der Grafen von Erbach-Schönberg. Das Schloß wurde im 13. Jahrhundert als Burg auf einer Bergnase über dem Ort erbaut, und damit war die Möglichkeit gegeben, die Lauterstraße zu kontrollieren. Im Bayerisch-Pfälzischen Krieg 1504 wurde die Burg in Brand gesteckt und erlitt großen Schaden. Mitte des 16. Jahrhunderts erfolgte der Wiederaufbau, aber nicht mehr als Burg, sondern als offenes Schloß. Um die Jahrhundertwende erlebte das Schloß Schönberg seine Glanzzeit, wurde Mittelpunkt eines geselligen Lebens, das Fürsten- und Königshäuser vereinigte.

Wanderungen

Markierter *Wanderweg des Odenwaldclubs:* Hauptlinie 10 (gelb) Bensheim (Bahnhof) – Felsberg – Beedenkirchen – Lautern – Gadernheim – Neunkirchener Höhe – ... Laudenbach am Main.

Um *Bensheim:* Vom Ritterplatz durch die Kalkgasse, durch Weinberge zum Kirchberg (221 m), abwärts durch Wald zum Brunnenweg, Ernst-Ludwig-Straße (1,6 km, ca. 1 Std., von der Gaststätte des Kirchberghäuschens herrlicher Talblick, Panoramatafel).

Von der *Ernst-Ludwig-Straße* durch den Brunnenweg zum Vetzersberg hinauf (192 m), von dort auf schattigen Waldwegen zum Schönberger Sportplatz und zum *Fürstenlager* (2,2 km, 1 Std.).

Vom *Ehrenmal* die Burgstraße aufwärts, am Waldschlößchen vorbei, in Serpentinen bergan zum *Auerbacher Schloß* – Abstieg in großen Windungen zur Mühltalstraße und jenseits dieser zum *Fürstenlager* (Endpunkt 5,5 km, 2 Std.).

Ab *Wilhelm-Euler-Straße:* Hemsbergstraße bis Altengaßweg, dann durch Weinberge, von der Schutzhütte steil aufwärts zum *Hemsberg* – Abstieg nach Norden über den Hahnberg und Hahnbergweg zum Abgangspunkt (herrliche Talblicke aus den Weinbergen und vom Hemsbergturm; 3,5 km, 1–1½ Std.).

Vom *Marktplatz in Bensheim* über die Hunsrückstraße, Rosenweg, durch Weingärten, Hohberg, Oberer Hohbergweg, Eckweg, zur Gronauer Straße (Zell; Hohberg 185 m, *Aussichtsturm Luginsland*, herrliche Ausblicke; 2,5 km, 1 Std.).

Veranstaltungen

Bensheimer Winzerfest (mit Weindorf auf dem Marktplatz), Beginn jeweils am ersten Wochenende im September, Dauer neun Tage, es wird, im jährlichen Wechsel mit Heppenheim, eine Weinkönigin gewählt; Fastnachtsmarkt; Ägidimarkt im September; Georgimarkt im April; Martinimarkt im November.

Die Städteverschwisterung mit der französischen Weinstadt Beaune bringt nicht nur eine jährliche Präsentation der burgundischen Weine anläßlich des Bensheimer Winzerfestes, sondern es findet auch ein reger Austausch von Jugend- und Erwachsenengruppen beider Städte statt.

Bensheimer Kalkgasse

Name könnte sowohl auf die geologische Bodenformation als auch auf die durch Erosion entstandenen Hohlwege zurückgehen.
Sie liegt nach Süden gerichtet, geschützt vor kalten Nord- und Ostwinden und weist einen frühen Vegetationsbeginn auf. Sie gilt als die Renommierlage Bensheims. Zur Zeit wird sie flurbereinigt. Ein neues Wegenetz wird es den Spaziergängern bald ermöglichen, diesen reizvollen Weinberg zu durchwandern.

☐ 47 ha

[↑] Süd bis Südwest

[/] hängig bis steil

[∵] Riesling 90 Prozent

[B] Granitverwitterung, flachgründige, skelettreiche Böden, steinig, grusig, Kalkverwitterungsgestein, nur 30 bis 40 cm Krume, darunter Kalkfelsen, der bei Rodungen z. T. gesprengt werden mußte.

[C] Körperreiche Weine mit kerniger, teils stahliger Säure, nach einigen Jahren Lagerung zeigen sie ihr feines Spiel und ihre volle Eleganz.

[L] Wolfsmagen

■ Bensheimer Kirchberg

Benannt nach der den Weinberg überragenden Kuppe. Dieser »Hausberg« der Bensheimer schließt unmittelbar an die letzten Häuser der Stadt an. Das Wahrzeichen ist das Kirchberghäuschen. Es ist das ganze Jahr über bewirtschaftet und gilt als lohnendes Ausflugsziel für Fußgänger. Vom Häuschen aus bietet sich ein weiter Blick auf Stadt und Umgebung. Die zur Zeit im Gange befindliche Flurbereinigung wird mit dem neuen Wegenetz den Weinberg noch besser für Fußgänger begehbar machen.

☐ 9 ha

[↑] Westhang

[/] 10–25°, hängig bis steil

[∵] Riesling 95 Prozent

[B] Granitverwitterung und Sand, skelettreicher Verwitterungsboden, der sehr viel Humus verzehren kann, nur kleine, schwache Krume.

[C] Mittelschwere Weine mit viel Würze und Aroma und einer pikanten Säure. Schon in den ersten Jahren voll entwickelte Weine.

[L] Wolfsmagen

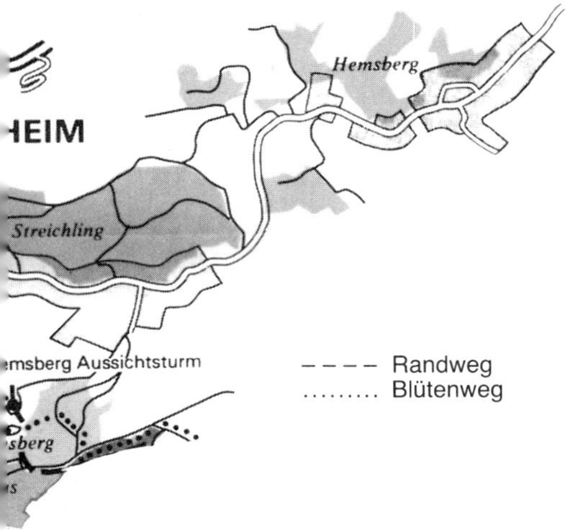

Bensheimer Streichling

Der Name rührt wahrscheinlich vom Wind her, der um den Berg streicht. Weit ausgreifende Südlage, die sich von der Mündung des Zeller Tales in Richtung Odenwald entlang des Bensheimer Stadtteiles Zell erstreckt. Der im engen Tal idyllisch gelegene kleine Ort besitzt mehrere Weinstuben. Um die Weinbergslage zu begehen, sollte man die Pkws im Ort parken. Mehrere Weinbergswege führen zur Bergkuppe des Hohbergs.

- 115 ha
- Süden bis Südwest
- hängig bis steil
- Riesling 50 Prozent, Rest Müller-Thurgau und Silvaner.
- B Lößlehm – Granitverwitterung. Leichter, humusschwacher Boden. Im Zeller Tal treten frische Lehmböden auf.
- C Fruchtige, milde Weine, sehr früh reif, angenehm süffig mit feiner Geschmackspalette.
- L Wolfsmagen

Bensheimer Paulus

Nach Pales = Belz, Pelz (Gestrüpp); evtl. von lat. palus = Pfahl (könnte auch auf den Pfahl hinweisen, an den die Reben gebunden wurden). Auch sollen hier Bildstöcke in großer Zahl gestanden haben. Am Fuße des Weinbergs wurden die Reste einer römischen Landvilla ausgegraben. Die Lage grenzt an die B 3 und das südliche Neubaugebiet von Bensheim. Sie ist bunt durchsetzt von malerischen Wingerthütten.

- 26 ha
- Westhang
- hängig, im Talgrund flach auslaufend
- Riesling 60 Prozent
- B Granitverwitterung, leicht erwärmbarer, skelettreicher Boden, beweglicher, erosionsgefährdeter Boden.
- C Etwas leichter, süffiger Wein, der sich rasch ausbauen läßt und schon früh getrunken werden kann.
- L Wolfsmagen

■ Bensheimer Hemsberg

Bereits 1210 belegt als »Hemmingesberc«. Hems = Vorname Hemines (Hermann). Codex Lorsch: Hemingesberg; von Heming oder Heimosberg; Eigennamen; ehemaliger Besitz von Kloster Lorsch; heute noch sind im Stadtarchiv die Namen der damaligen Pächter dieser Weinberge vermerkt.
Die hochgelegene Berglage (bis 460 m über NN) schmiegt sich halbmondförmig um die Bergkuppe des Hemsberges. Der Aussichtsturm ist über gut ausgebaute Weinbergswege zu Fuß von Bensheim aus zu erreichen. Auch vom Stadtteil Zell führt ein Wanderweg zum Turm.

☐ 71 ha

[↑] Südwesthang

[/] hängig bis steil

[∵] Riesling 50 Prozent, Rest Müller-Thurgau und Silvaner

[B] Granitverwitterung – Lößlehm, vom sandigen Lehm zu lehmigem Sandboden, sehr erosionsgefährdet, leicht erwärmbar, gut zu bearbeiten.

[C] Leichte, herzhafte Weine mit feiner, angenehmer Säure; trotz hoher Mostgewichte meist süffige, nicht zu schwere Weine.

[L] Wolfsmagen

● Winzerbetriebe und Weingüter

Staatsweingut Bergstraße, Grieselstraße 34–36, 6140 Bensheim

[☎] 0 62 51 / 31 07 Mitglied VDP-Weingut ☐ 38 ha [W] und Betriebsbesichtigungen nach vorheriger Absprache [O] Mo.–Do. 7.30–12 und 13–17 Uhr, Fr. 7.30–12 und 13–15.30 Uhr

Ende Oktober jeden Jahres Weinversteigerung.

Weingut der Stadt Bensheim, Darmstädter Straße 6, 6140 Bensheim

[☎] 0 62 51 / 1 42 69 ☐ 12 ha [W] nach vorheriger Absprache [O] Mo.–Fr. 7–12 und 13–16.30 Uhr, Sa. 10–12 Uhr

Weingut Josef Mohr, Grieselstraße 51–59, 6140 Bensheim

☎ 0 62 51 / 22 99 ☐ 15 ha [G] [A] Mo.–Fr. ab 16 Uhr [W] und Betriebsbesichtigungen nach vorheriger Vereinbarung [O] Mo.–Fr. 10–12 und 15–18 Uhr, Sa. 8–14, So. 10–12 Uhr

Stimmungsvolle Räumlichkeiten.

Weinbau – Weinkellerei Tobias Georg Seitz, Weidgasse 8, 6140 Bensheim-Auerbach

☎ 0 62 51 / 7 58 25 ☐ 6 ha und Traubenzukauf [W] für kleine Gruppen nach Vereinbarung [O] Mo.–Fr. 8–12.30 und 14.30–18.30 Uhr, Sa. 8–13 Uhr, So. 10–12 Uhr

Weinbau und Straußwirtschaft Horst Treffert, Nahestraße 17, 6140 Bensheim

☎ 0 62 51 / 3 85 34 ☐ 2,5 ha [O] Mo.–Fr. 16.30–19.30 Uhr, Sa. 9–13 Uhr und nach Vereinbarung

Weingut Philipp Hillenbrand, Am Rinnentor 44, 6140 Bensheim

☎ 0 62 51 / 31 89 ☐ 2 ha [S] [O] Mo.–Fr. 8–19 Uhr, Sa. 8 bis 16 Uhr, So. 10–12 Uhr, Weinschänke: Mitte Januar–Februar und beim Winzerfest täglich ab 12 Uhr

Weinbau – Winzerstube Fritz Kaltwasser, Bachgasse 17, 6140 Bensheim-Auerbach

☎ 0 62 51 / 7 11 56 ☐ 2 ha [G] [O] täglich ab 17 Uhr (außer Dienstag und Mittwoch) und nach Vereinbarung

Weinspezialitäten.

Weingut Volker Hörr, Märkerwaldstraße 32–34, 6140 Bensheim-Gronau

☎ 0 62 51 / 3 81 10 ☐ 1,6 ha [O] nach Vereinbarung [W] nach vorheriger Absprache

Weinbau – Weinstube Friedrich Heckmann, Inh. Elisabeth Heß, Nibelungenstraße, 6140 Bensheim

☎ 0 62 51 / 43 09 ☐ 1,0 ha [G] [O] Di.–Fr. ab 16 Uhr Weinausschank

Empfehlenswerte Weinlokale und Gaststätten in 6140 Bensheim

»Dalberger Hof« und Bürgerhaus
Dalbergergasse 15, ☎ 0 62 51 / 47 47
Räumlichkeiten bis 700 Personen.

Hotel »Bacchus« und »Bacchuskeller«
K. Bulling, Rodensteinstraße 30, ☎ 0 62 51 / 3 90 91 und 6 76 08
Kirchbergstubb und gemütlicher Weinkeller.

»Walderdorffer Hof«
Obergasse 18, ☎ 0 62 51 / 48 88
Ältestes Fachwerkhaus in Südhessen.

Weinhaus »Zur Hahnmühle«, Inh. Peter Oberhofer,
Friedhofstraße 92, ☎ 0 62 51 / 27 48
Alteingeführtes Weinhaus.

Weinstube »Clara«, Obere Grieselstraße 12, ☎ 0 62 51 / 31 78
Bürgerliches Weinlokal.

»Kirchberghäuschen«
Auf dem Bensheimer Kirchberg, ☎ 0 62 51 / 32 67
Ausflugslokal, herrlicher Ausblick.

»Schlinkenkeller«
Schlinkengasse / Ecke am Bürgerhaus, ☎ 0 62 51 / 6 23 23
Über 400 Jahre alter rustikaler Weinkeller mit 70 Plätzen.

»Zum Parapluie«, Marktplatz 18, ☎ 0 62 51 / 23 02
Weinstube.

»Speisehaus Sauter«
Rodensteinstraße 62, ☎ 0 62 51 / 25 18
Täglich frische Schlachtung.

»Vetters Mühle«
Bensheim-Zell, Gronauerstraße 73, ☎ 0 62 51 / 24 04
Bekanntes Ausflugslokal, über 300 Plätze.

»Weinhaus Blauer Aff«
Bensheim-Auerbach, Kappengasse 2, ☎ 0 62 51 / 7 29 58
Bekannt uriges Weinlokal.

»Weinkeller«
Bensheim-Auerbach, Darmstädter Straße 162, ☎ 0 62 51 / 7 94 00
Kellerlokal mit besonderer Atmosphäre.

Weinschänke Götzinger, Bensheim-Zell, Gronauer Straße 152, ☎ 0 62 51 / 6 87 14
Rustikale Weinschänke in Dorfidylle.

Hotel »Poststuben«
Bensheim-Auerbach, Schloßstraße 28–30, ☎ 0 62 51 / 7 29 87
Spezialitäten-Restaurant, 32 Betten in ruhiger Lage.

»Alte Dorfmühle«
Bensheim-Auerbach, Bachgasse 71, ☎ 0 62 51 / 7 94 42
Weinwirtschaft, eigene Backstube.

»Auerbacher Stubb«, Parkhotel Krone
Bensheim-Auerbach, Darmstädter Straße 168, ☎ 0 62 51 / 7 30 81
Regionale und internationale Spezialitäten.

»Auerbacher Schloß«
Bensheim-Auerbach, ☎ 0 62 51 / 7 29 23
Beliebtes Ausflugziel.

▲ Übernachtungsmöglichkeiten 6140 Bensheim

[**] *Hotel Bacchus, Rodensteinstraße 30, ☎ 06251/39091*
Hotel Präsenzhof, Wambolterhofstraße 7, ☎ 06251/4256
Telefax 06251/38273

[*] *Hotel Michelangelo, Berliner Ring 108, ☎ 06251/39009*
Hotel zur Stadtmühle, Platanenallee 2–4,
☎ 06251/38008
Hotel Hans, Rodensteinstraße 48, ☎ 06251/2173

Weiteres Prospektmaterial erhalten Sie von:
Verkehrsamt der Stadt Bensheim, Bachgasse 60 – Auerbach,
7140 Bensheim/Bergstraße, ☎ 06251/74645

▲ Übernachtungsmöglichkeiten 6140 Bensheim-Auerbach

[***] *Parkhotel Herrenhaus, Staatspark Fürstenlager,*
☎ 06251/72274, Telefax 06251/78473
Parkhotel Krone GmbH, Darmstädter Straße 168,
☎ 06251/73081, Telefax 06251/78450

[**] *Hotel Poststuben, Schloßstraße 28–30,*
☎ 06251/72987, Telefax 06251/74743
Hotel Haus Weigold, Darmstädter Straße 157,
☎ 06251/75816
Hotel Auerbacher Haus, Darmstädter Straße 170,
☎ 06251/75689
Pension zum Löwen, Darmstädter Straße 199,
☎ 06251/75875
Hotel Waldschlößchen, Burgstraße 36, ☎ 06251/71324

Weiteres Prospektmaterial erhalten Sie von:
Kur- und Verkehrsverein Bensheim-Auerbach, Goethestraße 15,
6140 Bensheim-Auerbach, ☎ 06251/73737

▲ Übernachtungsmöglichkeit 6140 Bensheim-Schönberg

[*] *Hotel Bergmannsklause, Nibelungenstraße 138,*
☎ 06251/62918

Heppenheim

Es ist der letzte der hessischen Bergstraßenorte, heute Kreisstadt des Landkreises Bergstraße und staatlich anerkannter Luftkurort. Im Laufe seiner Geschichte gehörte es abwechselnd zu Lorsch, Mainz, der Pfalz und schließlich zu Hessen. Urkundlich fand es noch vor der Gründung des Klosters Lorsch Erwähnung. Den Namen soll die Siedlung nach dem fränkischen Edelmann Heppo erhalten haben. Im Jahre 773 machte Karl der Große Heppenheim mit seinen ausgedehnten Ländereien dem zur Reichsabtei erhobenen Kloster Lorsch zum Geschenk. Von da an blieb das Geschick des Ortes mit dem des Klosters bis zum Jahre 1232 eng verbunden. In diesem Jahr erwarb der Erzbischof von Mainz die Abtei mit dem gesamten dazugehörigen Besitz, und so kam auch Heppenheim an Kurmainz. Aus dem Lorscher Erbe wurde bald das nach der Burg Starkenburg benannte Amt mit der Amtsstadt Heppenheim gebildet. Die Stadtrechte selbst dürfte Heppenheim mit Wahrscheinlichkeit im Jahre 1318 erhalten haben. Es breitete sich aus, so daß seine Stadtmauern mehrmals erweitert werden mußten. Ein Großbrand äscherte 1369 fast die gesamte Stadt ein, nur das von den Mainzer Kurfürsten erbaute feste Schloß und fünf Häuser sollen damals erhalten geblieben sein. Doch es wurde neu und noch größer aufgebaut und blieb Hauptort des Oberamtes. Adelsgeschlechter wie die Sickinger, die von Hees u. a. hatten ihre Höfe in der Stadt. 1461 verlor Kurmainz Heppenheim durch Verpfändung an die Kurpfalz. Unter kurpfälzischer Herrschaft ist die Stadt dann bis 1623 geblieben. In den fast 200 Jahren unter kurpfälzischer Herrschaft erlebte Heppenheim die Zeit seiner höchsten Blüte. Es folgten die Wirren der Reformation und Gegenreformation und die Not des Dreißigjährigen Krieges. Während des Pfälzischen Erbfolgekrieges ließ der berüchtigte Mélac

»Heppenheimer Steinkopf«
am Eingang des Hambacher Tals

die Stadt Heppenheim 1693 in Flammen aufgehen; ein Schlag, von dem sie sich nur langsam erholte. Dem Mainzer Kurstaat gehörte Heppenheim bis zum Jahre 1803 an, um dann mit dem Oberamt Starkenburg an die Landgrafschaft Hessen, später Großherzogtum Hessen-Darmstadt, überzugehen.

Die *Starkenburg*, die auf einer steilen Vorhöhe über der Stadt Heppenheim liegt, hat der ganzen Region ihren Namen gegeben. Der ursprüngliche Name »Burcheldon« bzw. »Burkhelden« (Burghalden) deutet darauf hin, daß an Stelle der Burg schon ein germanischer Ringwall vorhanden war. Erstmals im Jahre 1206 wird der Name »Starkimberg« (von ahd. stark = hart, fest, vermutlich vom Untergrund herrührend) erwähnt. Im Jahre 1065 unter Udalrich, Fürstabt des Klosters Lorsch, zugleich als Bollwerk und Paßsperre erbaut, wurde sie das Kernstück der Lorscher Befestigungsanlagen.

Nach dem Übergang des Lorscher Besitzes an Kurmainz (1232) wurde die Burg um das Jahr 1249 durch Heinrich von Leiningen und dessen Bruder Emicho besetzt, doch der Mainzer Erzbischof Gerhard I. Wildgraf (1251–1259) gewann sie wieder zurück. Nach 1461 zog auf der Starkenburg und im Oberamt die kurpfälzische Verwaltung ein. Die Bayerische Fehde 1504 war der Anlaß, die Burgbefestigungen stark auszubauen. Im Dreißigjährigen Krieg wurde die Starkenburg 1621 von den Spaniern unter ihrem Feldherrn Consalvo Hermandez de Cordova, Fürst von Maratra, eingenommen und besetzt. Die Spanier hielten sich auf der Burg bis zur Einnahme durch Kurmainz 1623. Die bei der Eroberung der Starkenburg gefallenen Spanier wurden vor der Burg beigesetzt, daher der Name »Spanischer Friedhof«. 1630 nahmen die Schweden unter Gustav Adolf die Starkenburg ein; 1645 wurde sie von Franzosen unter Turenne belagert, der zwei Jahre nach seinem Abzug noch einmal erschien. In den Reunions-

kriegen (1688–1693) widerstand die Burg den französischen Truppen unter Mélac, und der unter Marschall de Lorges 1693 unternommene Versuch, die Burg zu erobern, war gleichzeitig die letzte Belagerung in diesem Krieg. Die letzte Besatzung verließ sie im Jahre 1765, und die Ruine wurde auf Abbruch versteigert; erst unter Kurfürst Friedrich Karl Joseph von Erthal wurde sie »als Denkmal alter deutscher Kunst und Sitte« wieder geschützt. Sie gehört zum Bild der Stadt Heppenheim; die Burg schaut in alle Winkel und Straßen, auf alle Plätze, sie ist überall gegenwärtig.
Heppenheim selbst zeigt ein überraschend ausgeglichenes Stadtbild mit einem reichen Schatz an alten Bauten.

Sehenswert

Die *katholische Pfarrkirche St. Peter*, der mächtige »Dom der Bergstraße«, stammt in seinem Gründungsbau noch aus dem 8. Jahrhundert. Leider sind von den früheren Bauzuständen kaum noch Reste erhalten; der Neubau wurde 1900–1904 von Dombaumeister Prof. Ludwig Becker (Mainz) in frühgotischem Stil mit einer Doppelturmfassade errichtet.
Der *ehemalige Mainzer Amtshof* (Amtsgasse, jetzt Winzerverein, Volkskundemuseum für Odenwald und Ried, Stadtarchiv) ist eines der ältesten Baudenkmäler, nahe der nördlichen Stadtmauer. Seine Baugeschichte ist noch nicht ganz geklärt, er mag nach 1232 entstanden sein, also nachdem Heppenheim an Kurmainz fiel. Den ältesten Teil bildet der große steinerne Saalbau, ein Rest der festen Schloßanlage.
Im Jahre 1955, dem Gedenkjahr des 1200jährigen Bestehens Heppenheims, erfolgte eine gründliche Restaurierung dieser historisch wertvollen Denkmäler.
Die *ehemalige Amtskellerei* (Kellereigasse) wurde an der Stelle des noch älteren Biberhofs errichtet. Der Bau stammt aus der Zeit um 1648. Das Wappen unter der

Turmhaube erinnert an den Kurmainzer Erzbischof Johann Friedrich Karl Graf von Stein (1743–1763), unter dem das Gebäude im Jahre 1750 baulich überholt wurde.

Die *Schindersburg* (Siegfriedstraße 122–124) mit ihren beiden Fachwerkstöcken und dem mächtigen Giebel auf massivem Unterbau ist durch die Schriftplatte aus dem Jahre 1577 genau zu datieren. Der Bau des Hauses ist um einen noch älteren Turm angelegt worden, der in zwei Stockwerken innen noch teilweise erhalten ist.

Das *Rathaus* wurde 1551 errichtet und gilt als das erste Renaissance-Fachwerk-Rathaus des südhessischen Raumes.

Die *Apotheke* (Markt 5) zeigt eine verkleinerte Wiederholung der Rathausfassade aus dem Jahre 1704. Der steinerne Unterbau stammt aus dem Jahre 1577, der Fachwerkaufbau brannte wie der des Rathauses 1693 ab.

Das Haus »*Zum Goldenen Engel*« (Markt 2); ein Gasthof, der nach dem Stadtbrand von 1693 erbaut wurde; 1782 erhielt er nach der Modernisierung ein frühklassizistisches Portal.

Den *Marktbrunnen* (Marienbrunnen) neben der Rathaustreppe ziert als Brunnenfigur eine Immaculata-Statue aus dem Jahre 1729.

Der *Brunnen am Kleinen Markt* zeigt eine steinerne Madonna mit dem Walldürner Blutbild, 1729.

Von der *Stadtbefestigung* sind nur noch geringe Reste erhalten, so zum Beispiel im Hof Marktgasse 6 der Unterbau des sogenannten Mönchsturms mit Buckelquadern um 1180.

Der *ehemalige von und zu der Heessche Hof* (Stadtschule heute); an seiner Stelle befanden sich vor dem Stadtbrand von 1693 die Heppenheimer Kollektur und die Lorscher Klostervogtei. Kurz nach 1700 wurde der Adelshof durch Johann Philipp Freiherr von und zu der Hees erbaut. Er zeigt sich als schlichter, vornehmer

Bau mit Mansarddach und Wappenportal, geziert durch ein klassizistisches Uhrtürmchen.

Die *Ruine der Starkenburg* (heute Jugendherberge) erhebt sich auf einem breiten, aus der Ebene aufsteigenden Kegel. Reizvolle Wege führen durch Weinberge, Wiesen und Wäldchen hinauf zu der ehemaligen Festung. Wo der Palas stand, befindet sich jetzt die Jugendherberge. Die Aussicht reicht von der Bergstraße mit ihren Burgen, über den Rhein hin zur Haardt, zum Taunus und Odenwald. Senkt sich der Blick, liegt das Stadtbild Heppenheims zu Füßen.

Das *Volkskundemuseum* für Odenwald, Bergstraße und Ried (im Kurmainzer Amtshof, Amtsgasse 5).

Wanderungen

1. *Kleiner Markt – Eisenpfädel – Vorstadt – Freilichtbühne* (Kappel). Vom Kleinen Markt nach NNO in Richtung Starkenburg, am Bildstock biegt man rechts ab ins Eisenpfädel, geht am Fuß des Schloßbergs hinter den Häusern der Oberen Vorstadt an einem ausgetrockneten Mühlbach entlang, wendet sich am Ende des Pfades nach rechts und kommt durch eine enge Häuserflucht in die Siegfriedstraße. Dieser folgt man etwa 200 m nach Osten (d. h. nach links) und steigt dann rechts hinauf zum Schleifweg. Rechts abbiegend gelangt man durch den hainartigen Wald am Nordhang des Kirschhäuser Tals zur Freilichtbühne und findet von dort zurück zur Stadt (ca. ¾ Std.).

2. *Kleiner Markt – Starkenburgweg – Helenenruhe – Jägerrast – Kirschhausen – Wilhelmsplatz – Freilichtbühne:* Man geht auf dem Fahrweg zur Starkenburg am Gräfftempel und Schießstand vorbei zum Parkplatz des Naturparks im Osten der Starkenburg und weiter zur Helenenruhe. Jetzt steigt man auf dem Weg Nr. 6 bergan bis zum Neuen-Breiten-Weg. Dort wendet man sich halbrechts dem Neuen-Breiten-Weg zu. In der

Höhenlinie geht es fast horizontal bis zur Jägerrast. Dann bleiben Ruhebänke und Steintisch der Jägerrast links liegen, und wir wandern in einem rechten Bogen abwärts bis zum Görzklingenweg. Das Görzklingental mündet in Kirschhausen auf die B 460. Wir folgen dieser Bundesstraße (Siegfriedstraße) nach links bis zum Bushalteplatz. Von hier kann man nach einer etwa dreistündigen Wanderung nach Heppenheim zurückfahren. Möchte man den Rückweg zu Fuß machen, folgt man der Nr. 7 etwas weiter nach Osten, geht am Café Rosemarie über den Bach in Richtung Sonderbach, verläßt am Umspannhäuschen die Fahrstraße und biegt halbrechts in einen Feldweg ein. Das Zeichen Nr. 7 führt durch Felder und Wiesen zum Wilhelmsplatz hinauf. Von da geht es auf einem ebenen Waldweg durch die »Fichten« am Nordhang des Vorderbergs entlang und dann abwärts zur Stadt (ganzer Weg 4–4½ Std.).

3. *Großer Markt – Eckweg – Bombach – Arnoldseiche – Erbacher Tal:* Vom Großen Markt führt der Weg südwärts durch das Laudenbacher Tor, hinter dem Psychiatrischen Krankenhaus entlang zum Eckweg. Dort hat man beim Gang durch Gärten und Weinberge einen freien Blick über das Heppenheimer Hochhausviertel und den Bruchsee (Erholungsgebiet der Weststadt) in die Rheinebene. Am Ende des Eckweges geht es links in Bombachtal (Vogelschutzgebiet) und am Alten Bombachweg aufwärts durch den Neuen Bombachweg in den Unteren Steinmauerweg bis zur Arnoldseiche. Von dort erst in den Mittleren Tieflochweg, später scharf rechts ab; an der Lößhohle folgt man links dem Mittleren-Lichte-Holzweg und der Wolfsschlucht ins Erbacher Tal (2½ Std.).

4. *Großer Markt – Erbacher Tal – Hohenacker – Hölzerne Hand – Juhöhe – Lee – Arnoldseiche – Essigkamm:* Der Hinweg führt bis zur Juhöhe zusammen mit der Hauptlinie 1 des Odenwaldclubs (Markierung: roter

Strich). Der Rückweg verläuft zunächst auf der Landstraße bis zum Parkplatz »Hölzerne Hand«. Dort verläßt er die Fahrstraße, biegt links in den Wald ein und führt über den Parkplatz »Lee«. Bald darauf treffen wir auf das grüne Hinweisschild »Lee« und folgen der Ortsmarkierung 14.
Die Hügelgräber der Lee aus der Jungsteinzeit sind nur noch dem kundigen und geübten Auge erkennbar. Von der Lee aus geht der Weg an einer Schutzhütte und an der Arnoldseiche vorbei abwärts bis Heppenheim.
5. *Kleiner Markt – Drosselbergweg – Starkenburg:* Vom Kleinen Markt aus in Richtung Starkenburg; wir verlassen den Fahrweg und steigen rechts den Treppenaufgang hinauf; ein Löß-Hohlweg führt zum Drosselbergweg. Von diesem Weg bietet sich ein herrlicher Ausblick über die Stadt und ins Kirschhäuser Tal. Auf einem kurzen, steilen Hohlweg gelangt man zum Kammweg und wendet sich nach links in Richtung Starkenburg. Der Weg führt vom Parkplatz östlich der Starkenburg auf dem Fahrweg hinauf zur Burg (ca. 1 Std.). Beim Abstieg nimmt man den Kirschpfad hinab zur Fahrstraße (ca. ½ Stunde).
Für Autofahrer: Siegfriedstraße: Beginnend in Worms, auf der B 47 über Lorsch nach Heppenheim, von dort auf der B 460 durch den Naturpark Bergstraße-Odenwald. Die Siegfriedstraße, die weiter über Fürth i. O. nach Amorbach führt, vereint sich dort mit der Nibelungenstraße (weiter nach Würzburg).

Veranstaltungen

1. Festspiele Heppenheim, jeweils im August eines jeden Jahres im Theater im Hof vor dem Winzerkeller/ auf der Freilichtbühne/vor dem Dom der Bergstraße.
2. Weinfest: Bergsträßer Weinmarkt mit Weindorf im Amtshof (Beginn jeweils am letzten Wochenende im

Juni, Dauer: 9 Tage). Den Anfang macht eine festliche Weinprobe, darauf folgt der Einzug der Teilnehmer ins Weindorf. Wahl einer Weinkönigin (jährlicher Wechsel zwischen Bensheim und Heppenheim).

Naturpark Bergstraße-Odenwald

Eingebettet in die Ballungsgebiete Rhein-Main bzw. Rhein-Neckar bietet sich der Bergsträßer Raum geradezu als Naherholungsgebiet an. Grundlage für den systematischen Ausbau der Naherholungseinrichtungen ist der Verein Naturpark Bergstraße-Odenwald e. V., in dem alle Kreise, Städte und Gemeinden dieser Region mitarbeiten. In Zusammenarbeit mit den zuständigen Stellen in Baden-Württemberg und Bayern wurden Wanderwege, Parkplätze mit Orientierungstafeln, Lehrpfade usw. eingerichtet, die vor allem den Erholungssuchenden aus den benachbarten Großstädten zugute kommen sollen. Dabei wird auf das »Feriendorf im Odenwald« bei Kröckelbach (Ortsteil von Fürth i. O.) besonders hingewiesen. Hier ist in geschmackvoll eingerichteten Ferienhäusern kinderreichen Familien die Möglichkeit geboten, einen preiswerten Urlaub in landschaftlich reizvoller Umgebung zu verbringen.

Heppenheimer Stemmler

1480 belegt als »Stemmeler«, 1668 »im Obersten Stembler«, »im Understen Stembler«; das Gebiet nördlich des Landberges hieß früher »Der lange Bühel«, darüber befindet sich ein steiniger Bergkopf. Der ursprüngliche Name könnte »Stenbühel« (Sten = Stein) gewesen sein.

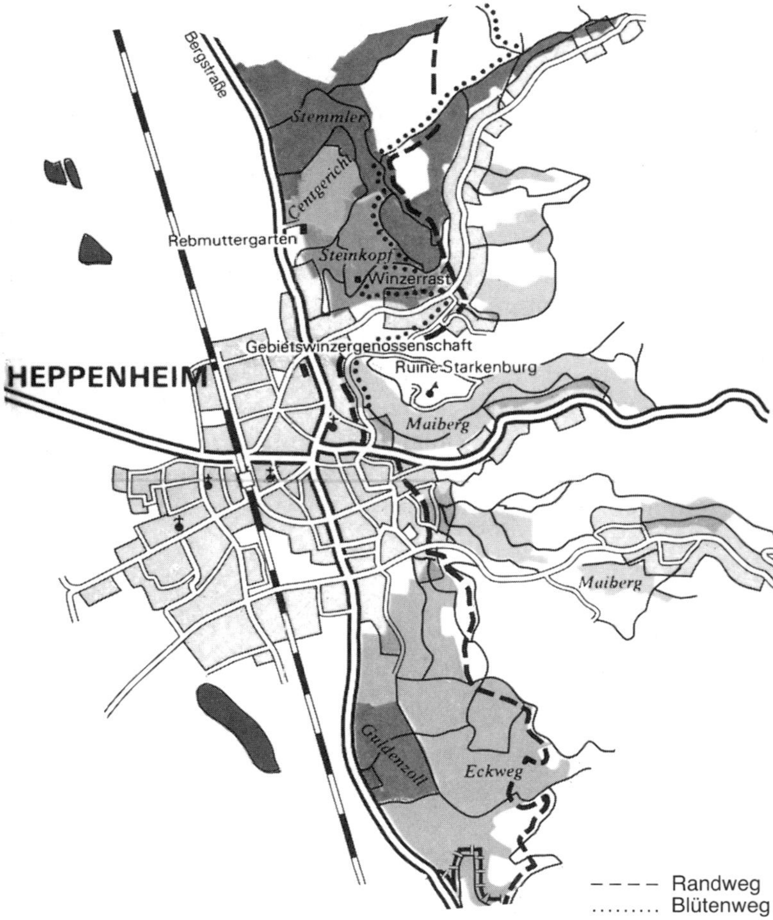

Die weitausgedehnte Lage zieht sich von der B 2 sichelförmig um die Bergkuppe der »Hubenhecke« herum bis ins Hambachtal im Osten. In den überwiegend kleinparzellierten Rebhang sind Weinberghäuschen und Obstbäume eingestreut.

□ 105 ha

↑ Süd bis Südwest

/ hängig

∵ Riesling 60 Prozent, Rest Müller-Thurgau und Silvaner

B Hauptsächlich Löß

C Fruchtige, nachhaltige Weine in den dem Rheintal zugekehrten Parzellen; herzhaft frische in den östlichen Teilen.

L Schloßberg

■ Heppenheimer Centgericht

Wahrscheinlich nach ehemaliger Gerichtsstätte benannt. – Eine nahezu quadratische, einheitliche, nur von der »Erbelschlucht« mit ihrem Dickicht durchschnittene Hanglage mit schmuckem Gutshaus. Im Volksmund immer noch »Rebmuttergarten« genannt, diente die 1927 von der Weinbauschule Oppenheim ins Leben gerufene Anlage von 1945 an der Landwirtschaftskammer Hessen-Nassau zur Aufzucht von traubenlosen Amerikaner-Reben, um Unterlagenholz für Pfropfreben zu gewinnen. 1970 übernahmen ihn die Staatsweingüter und ersetzten die Amerikaner-Muttergärten durch traubentragende Europäersorten, hauptsächlich Riesling.

□ 17,0 ha

↑ Südwest

/ hängig

∵ Riesling 70 Prozent, Rest Ruländer, Gewürztraminer und Blauer Spätburgunder

B tiefgründiger, leicht erwärmbarer Lößlehm

C Fruchtige, blumige, angenehm milde Weine mit Nachhaltigkeit, feine, dezente Art

L Schloßberg

»Heppenheimer Centgericht« mit Gutsgebäude aus der Zeit des »Rebmuttergartens«

■ Heppenheimer Steinkopf

Ab 1517 belegt. Name läßt sich evtl. von ahd. chapf = Anhöhe, erhöhte Stelle, Aussichtsmöglichkeit ableiten; trifft auch auf die Bodenbeschaffenheit zu, da das Gelände besonders steinig ist.
Der aus dem engen Hambachtal aufsteigende Südhang gilt als wärmste und steilste Lage der Bergstraße. Zu erreichen, indem man bei der Winzergenossenschaft von der B 3 ins Hambachtal abbiegt, über dem Bergrükken zieht sich das weniger steile Stück nach Westen bis zur Verlängerung der »Erbelschlucht« am Rebmuttergarten.

□ 35,9 ha

[↑] Süd und Südwest

[/] steil und hängig

[∵] Riesling 80 Prozent, Rest Müller-Thurgau, Ruländer, Silvaner

[B] Buntsandstein-Verwitterungsboden, kleine Krume, Untergrund Felsgestein, teilweise sehr steinig, grusig

[C] Kräftige Weine mit einer feinen, frischen, herzhaften Säure, körperreich, gute Lagerfähigkeit

[L] Schloßberg

■ Heppenheimer Maiberg

1442 erstmals belegt als »Mayenberg«; der Berg, auf dem mit feierlichem Auszug im Mai die Weide bezogen wird.
Sieben nicht zusammenhängende Flurstücke mit eingestreuten Weinbergshäuschen und Obstbäumen, die sich klimatisch gleichen. Sie ziehen sich von der Stadtgrenze in das Erbacher Tal, das Kirschhäuser Tal mit der »Siegfriedstraße« (B 460) und in das Hambacher Tal. Die ursprünglich als »Schloßberg« bezeichnete, um die Starkenburg gelegene Flur wurde 1971 dem Maiberg angeschlossen. Der Schloßberg selbst wurde zur Heppenheimer Großlage.

□ 111,2 ha

↑ Süd-Südwest

/ steil, meist kleinparzelliert, teilweise terrassiert

∵ Riesling 80 Prozent, Silvaner 10 Prozent, Müller-Thurgau 10 Prozent

B Buntsandstein um die Starkenburg, sonst sandiger, leichter Lehm bis skelettreicher Löß. Gut durchlüftete, warme, leider auch stark erosionsgefährdete Böden.

C Feingliedrige, fruchtige Weine mit angenehmem Säurespiel. Die Erträge sind nicht hoch, erreichen aber fast in allen Jahren die Kabinettsklasse.

L Schloßberg

■ Heppenheimer Eckweg

Wahrscheinlich von Eck=erhöhte Stelle, womit der Bergvorsprung im oberen Eckweg gemeint sein könnte. Erstmals um 1200 als »Ecgenuuege« belegt. 1652 wird die Flur als »im Gehen Eckweg« (geh=jäh, steil) benannt, sicher Bezug nehmend auf den oberen steilen Teil der Lage.
Wir empfehlen, den Wagen auf dem Parkplatz hinter der »Psychiatrie« abzustellen; es läßt sich auf den die weitläufige, geschlossene Hanglage kreuz und quer durchziehenden, geteerten Weinbergswegen hinauf bis zum Waldrand wandern. Von der Bankgruppe der »Sparer Rast« lohnender Blick auf den mit Weinbergshäuschen und Obstgrundstücken durchsetzten Rebhang und das bereits badische Laudenbach; weiter über die B 3 auf die Oberrheinische Tiefebene, das Hessische Ried, Worms, Mannheim, Ludwigshafen und die Haardt bis zum Donnersberg.

□ 115,6 ha

↑ Südwest-West

/ hügelig, hängig bis mittelsteil

∵ Riesling 40 Prozent, Silvaner 30 Prozent, Ruländer 10 Prozent, Müller-Thurgau 20 Prozent

B Der tiefgründige Lehm und Lößlehm besitzen gute Wasserhaltekraft und einen hohen Feinerdeanteil.

[C] Die Weine haben Fülle und Stoff und sind fruchtig, nachhaltig. Da die Lage vom Namen her sehr bekannt ist und auch flächenmäßig eine große Ausdehnung besitzt, findet man ihre Weine in den heimischen Weinstuben gut vertreten.

[L] Schloßberg

■ Heppenheimer Guldenzoll

1445 erstmals als »am Gulden Zoll« erwähnt, vermutlich Bezug nehmend auf eine Zollstelle, die gegen das benachbarte badische Laudenbach zu stand. Laut Information von Herrn H. J. Strauch soll um 1541 Kaiser Karl V. dem Erzstift Mainz das Privileg erteilt haben, für jedes Fuder Wein, das in das Stiftsland eingeführt wird, einen Gulden Zoll zu erheben. Die vom »Eckweg« umgrenzte Lage schließt unmittelbar an das Werkgelände der »Odenwald-Quelle« an, deren Besitzer Hans Jürgen Strauch auch Anteil an der Lage hat. 1930 entdeckte der Vater auf der Suche nach bakteriologisch einwandfreiem Wasser (1929 war in Heppenheim aufgrund von Verunreinigungen des städtischen Trinkwassers eine Typhus-Epidemie ausgebrochen) die Mineralquelle, erwarb das Grundstück zugleich mit den Wasserrechten und errichtete 1931 dortselbst einen Mineralwasser-Abfüllbetrieb, der heute rund 70 Millionen Flaschen jährlich ausstößt. Bei dem Mineralwasser der »Odenwald-Quelle« handelt es sich um ein Natrium-Calcium-Chlorit-Wasser, das laut klinischem Gutachten folgende Heilanzeigen hat: Chronische Gastritiden, funktionelle Magen-Darm-Störungen mit Dysfermentie sowie Stoffwechselerkrankungen.

□ 19,6 ha

[↑] Südwest

[/] hügelig

[∵] Riesling 40 Prozent

[B] Sandige Lehmböden, leichter Lößlehm bis sandig, tiefgründig; neigt leicht zur Erosion.

[C] Leichtere Weine mit erkennbarem Sortencharakter, angenehme, frische Säure

[L] Schloßberg

»Heppenheimer Guldenzoll«
an der Odenwaldquelle

● Winzerbetriebe und Weingüter

Bergsträßer Gebietswinzergenossenschaft eG,
Darmstädter Straße 56, 6148 Heppenheim

☎ *0 62 52 / 7 30 15 u. 7 30 16, Fax 0 62 52 / 7 74 92*
☐ *300 ha* W *bis 70 Personen nach vorheriger Absprache*
O *Mo.–Fr. 8–12.30 und 13.30–17.45 Uhr, Sa. 8.30–12.30 Uhr*

Probiermöglichkeit, Betriebsbesichtigungen; Weinberge in fast allen Weinlagen der Bergstraße.

Weingut – Weinhandel Heinrich Freiberger oHG,
Hermannstraße 16, Lehrstraße 15, 6148 Heppenheim

☎ *0 62 52 / 24 57* ☐ *12 ha und Traubenzukauf* O *Mo., Di., Do., Fr. 8–12.30 Uhr, 14.30–18.30 Uhr, Mi. 8–12.30 Uhr, Sa. 8–13 Uhr*

Probiermöglichkeit beim Einkauf.

Weingut und Weinkellerei Hans Strauch, Ludwigstraße 100,
6148 Heppenheim

☎ *0 62 52 / 20 96* ☐ *8 ha und Traubenzukauf*
W *bis 50 Personen* O *Di.–Fr. 9.00–13.00 Uhr, 15.00–17.30, Sa. 9.00–13.00 Uhr*

Probiermöglichkeit.

Weingut Hermann Josef Gies, Siegfriedstraße 106,
6148 Heppenheim

☎ *0 62 52 / 25 29* ☐ *5 ha* O *nachmittags*

Selbstvermarktet werden nur kleine Mengen.

Weingut und Gasthaus »Zum Hirsch« Walter Gehrig,
Siegfriedstraße 8, 6148 Heppenheim

☎ *0 62 52 / 25 34* ☐ *3 ha* W *bis 30 Personen*
G R O *nach Vereinbarung; Weinstube täglich geöffnet ab 17 Uhr, außer Mo.*

Probiermöglichkeit.

Weinbau Anton Held, Zollhausstraße 2, 6148 Heppenheim

☎ *0 62 52 / 25 27* ☐ *1 ha* O *nach Vereinbarung*

Probiermöglichkeit.

Weinbau Rainer Distel, Untere Gartenstraße 1, 6148 Heppenheim
☎ *0 62 52 / 57 78* ☐ *0,5 ha* ⓞ *nach Vereinbarung*

Empfehlenswerte Weinlokale und Gaststätten in 6148 Heppenheim

»Zum Hirsch«
Walter Gehrig, Siegfriedstraße 8, ☎ *0 62 52 / 25 34*
80 Personen, Freisitz im Sommer.

»Zur Post«
Peter Eberhard, Siegfriedstraße 71, ☎ *0 62 52 / 24 96*
60 Personen, eigener Weinbau.

»Winzerkeller im Kurmainzer Amtshof«
Inh. H. Albracht, ☎ *0 62 52 / 23 26*
Ausschank Bergsträßer Winzergenossenschaftsweine, erstklassige Küche, behagliche Atmosphäre, Gaststätte 85 Personen, Nebensaal 60 Personen.

Hotel-Restaurant »Halber Mond«
Ludwigstraße 5, ☎ *0 62 52 / 50 21*
Saal bis 500 Personen.

Hotel »Am Bruchsee«
Am Bruchsee 1, ☎ *0 62 52 / 7 30 56*
Saal, Konferenzräume, Tagungslokal.

Gasthaus »Goldener Engel«
K. J. Bauer, Großer Markt 2, ☎ *0 62 52 / 25 63*
Historisches Fachwerkhaus.

Gasthaus »Zum Schwanen«
Inh. Elisabeth Bub, Kirchengasse 1, ☎ *0 62 52 / 36 88*
Weine auch zum Mitnehmen.

Gasthaus »Zur Alten Mühle«
Fam. Schäfer, Heppenheimer-Kirschhausen, Siegfriedstraße 305,
☎ *0 62 52 / 47 02*
Samstags Musik, Freiterrasse.

Gasthaus »Haus Lulay«
Heppenheim-Kirschhausen, Siegfriedstraße 394,
☎ *0 62 52 / 23 03*
Ruhige Lage.

Gasthaus-Pension »Rosemarie«
Heppenheim-Kirschhausen, Honerbachstraße 10,
☎ *0 62 52 / 23 60*
Eigene Schlachtung.

Gasthaus »Zum Felsenkeller«
Heppenheim-Sonderbach, Am Sonderbach 30, ☎ *0 62 52 / 22 72*
Ausflugslokal, jedes Wochenende Tanz.

Gasthof »Jäger«
Heppenheim-Erbach, Ortsstraße 31, ☎ *0 62 52 / 21 42*
Bekanntes Ausflugsziel, Weinlaube.

Gasthaus »Zur Rose«
Heppenheim-Hambach, Hambachertal 76, ☎ *0 62 52 / 7 62 61*
Kleines uriges Weinlokal.

Gasthaus »Zum Ochsen«
Wormser Tor 2, ☎ *0 62 52 / 61 71*
Altbekannte bürgerliche Gaststätte.

▲ Übernachtungsmöglichkeiten 6148 Heppenheim

[**] *Hotel am Bruchsee, Am Bruchsee 1,* ☎ *0 62 52 / 7 30 56*
Hotel Halber Mond, Ludwigstraße 5, ☎ *0 62 52 / 50 22*
Hotel Schloßberg, Kalterer Straße 1, ☎ *0 62 52 / 22 97*

[*] *Gasthof Split, Gießener Straße 7–9,* ☎ *0 62 52 / 7 41 61*
Hotel Goldener Engel, Großer Markt 2, ☎ *0 62 52 / 25 63*
Hotel Hessischer Hof, Untere Gartenstraße 1,
☎ *0 62 52 / 24 38*
Hotel Sickinger Hof, Darmstädter Straße 18,
☎ *0 62 52 / 7 66 02*
Hotel Starkenburger Hof, Kalterer Straße 7,
☎ *0 62 52 / 60 61*

Weiteres Prospektmaterial erhalten Sie von:
Fremdenverkehrsamt Bergstraße-Odenwald, Landratsamt
7148 Heppenheim/Bergstraße, ☎ 06252 / 15321

▲ Übernachtungsmöglichkeit 6148 Heppenheim-Erbach

[*] *Hotel Jäger, Ortsstraße 31, ☎ 06252 / 2124*

▲ Übernachtungsmöglichkeit 6148 Heppenheim-Hambach

[*] *Pension Rebstock, Hambacher Tal 95, ☎ 06252 / 75776*

Die Grosslagen der Hessischen Bergstrasse

Die beiden Bereiche des Anbaugebietes Hessische Bergstraße »Starkenburg« und »Umstadt« haben wir bereits eingehend beschrieben.
Bei der Neueinteilung der Weinbergslagen an der Hessischen Bergstraße im Jahre 1971 wurden zwar manche der bisher gebräuchlichen Flurnamen nicht mehr verwendet, insgesamt hat man jedoch für die einzelnen Gemarkungen relativ viele Lagen belassen. Da ein großer Teil des erzeugten Weines in der näheren Umgebung getrunken wird und beim Verbraucher oft eine genaue Kenntnis der Lage und der Geographie den Genuß des Weines noch erhöht, glaubte man, hierin richtig entschieden zu haben. Auch bei den Großlagen haben wir an der Hessischen Bergstraße verhältnismäßig engräumig abgegrenzte Flächen, die zum Teil noch wesentlich kleiner sind als in anderen Gebieten die Einzellagen.
Ob man die Einzellagen- oder Großlagenbezeichnung wählt, ist in erster Linie eine markttechnische Frage. Das Bestreben der Vermarkter tendiert zu einer möglichst genauen Bezeichnung des Geburtsortes. Ist die Weinmenge, die eine Einzellage erbringt, zu gering, um unter ihrem Namen auf die Flasche gefüllt zu werden, müssen Weine mehrerer Einzellagen zusammengefaßt und unter der Großlagenbezeichnung vermarktet werden.
Der Bereich »Umstadt« ist großlagenfrei. Im Bereich »Starkenburg«, gibt es die folgenden drei Großlagen:

Schlossberg

Die Großlage »Schloßberg« umfaßt die in den Gemarkungen Heppenheim, Hambach und Erbach befindlichen Einzellagen. Es war naheliegend, als Großlagenbezeichnung den »Schloßberg« zu wählen, da dieser majestätische Berg das Landschaftsbild prägt. Weithin sichtbar ziehen sich Weinberge an den steilen Hängen hinauf. Mehrere Seitentäler aus dem Odenwald, das Hambachertal, Hirschhäuser Tal, Erbacher Tal und das kleinere Bombachtal haben dazu beigetragen, daß an den Taleinschnitten die Mehrzahl der Weinberge an Süd- und Südwesthängen angelegt wurde. Lößböden herrschen vor. Daneben gibt es den gelben Buntsandstein, eine geologische Merkwürdigkeit, und auf den Bergkuppen oft auch Granitverwitterungsböden. Vor allem nach Osten zu, gegen Kaltluft durch über 500 m hohe, bewaldete Bergrücken abgeschirmt, gedeihen die Reben hier prächtig. Es wachsen kräftige, rassige, je nach Rebsorte unterschiedliche Weine mit einem besonderen Charakter. Während vor einigen Jahrzehnten noch der Silvaner, damals Österreicher genannt, dominierte, herrscht heute der Riesling vor. Müller-Thurgau, Ruländer, Silvaner, Gewürztraminer und nun auch Ehrenfelser und Kerner sorgen für eine große Auswahl.

Wolfsmagen

Der Name ist vermutlich keltischen Ursprungs (magos = Feld). Die Großlage mit den Weinbergen der Bensheimer, Zeller und Gronauer Gemarkungsteile erstreckt sich von den zur Bergstraße abfallenden Südwest- und Westhängen, besonders im Zeller Tal, bis 5 km weit in den Odenwald hinein. Es sind meist weitflächige Hanglagen; ausgesprochene Steillagen findet man seltener. Hoch ist der Anteil der Granitverwitterungsböden mit stark zerklüftetem Relief, auf denen besonders gut die Rieslingrebe gedeiht. Der Weinbau setzt sich aus vielen größeren und kleineren Inseln zusammen, dazwischen liegen reizvolle Tälchen und Wälder. Es sind elegante, frische Weine mit einer oft herzhaften Säure, die hier erzeugt werden.

Rott

Der Name geht vermutlich auf das Wort Rodung, das sich hier auf die Anlage neuer Weinberge bezieht, zurück. Die Großlage Rott liegt im Vorfeld des Melibokus, der höchsten Erhebung an der Bergstraße, in den Gemarkungen Auerbach, Zwingenberg, Schönberg und Alsbach. Die steil gelegenen Weinberge erhalten durch dieses Bergmassiv einen besonderen Schutz, und nur ein kleines Tälchen mündet aus dem Odenwald ein. In terrassierten Lagen, auf Granitverwitterungsböden mit oft hoch anstehenden Felsen wachsen kernige Rieslingweise mit einer erdhaften Art. In ungünstigen Jahren sind hier dank dieser Böden und der stark hängigen Lage die höchsten Oechslegrade an der Bergstraße zu finden. Der Rieslinganbau dominiert. An einigen sanfter geneigten Lagen mit Löß- und Flugsandböden gedeihen auch Ruländer und Ehrenfelser. Auf den Lößböden bringt der Silvaner gute Erträge.

Wein und Gesundheit

Zu Besuch beim »Weindoktor« an der Bergstrasse

Medizinalrat a. D. Dr. med. Siegfried Weiß hat sein Leben der Rebe und dem Wein verschrieben. Er baut seine »Seeheimer Mundklingen« selbst aus. Seine medizinischen Betrachtungen zum Wein und seine reichen Erfahrungen hat er schriftlich festgehalten. Wir bringen im folgenden eine Auswahl aus seinen Plaudereien.

Alle wollen gesund leben

Heute wird so viel von »ungesundem Leben« geredet, und man kann Schauergeschichten hören vom Gift in der Nahrung, im Wasser und in der Luft, und daß unser bißchen Leben tagtäglich mehr und mehr bedroht sei. Wie aber ist die Wirklichkeit? Noch nie war der allgemeine Gesundheitszustand unseres Volkes so gut wie heutzutage, und noch nie war die Lebenserwartung so hoch: Der Durchschnitt lag früher weit unter 50 Jahren, und die meisten waren tot, bevor sie zu Altersrentnern geworden wären. An »Auszehrung« und »Schwindsucht« waren sie gestorben; und noch im ersten Viertel dieses Jahrhunderts rafften seuchenartige Erkrankungen viele Tausende hinweg!

Heute sind bei uns Seuchen und sonstige Infektionskrankheiten weitgehend ausgerottet, und wenn einmal eine – meist per Flugzeug – eingeschleppt wird, so bleibt sie auf wenige Personen begrenzt. Die Medizin kennt inzwischen wirksame Arzneimittel gegen die meisten Krankheiten.

Arzneimittel gegen die verschiedensten Krankheiten wurden schon immer empfohlen und angewendet. Und man muß zugeben, daß diese zum größten Teil aus der chemischen Industrie stammen. Entweder sind es reine Chemikalien oder chemisch umgewandelte Naturprodukte, die aber erst durch die chemische Umwandlung ihre rechte Wirksamkeit erhielten. Schon höre ich die Anhänger »naturgemäßer« Lebensweise alle diese Stoffe als »Gift« verteufeln, aber sobald sie selbst ernstlich krank werden, bedienen sich die meisten auch der »schulmedizinischen Gifte«.

Was ist »Gift«?

Es scheint so etwas wie ein Naturgesetz zu sein, von dem uns schon der alte griechische Philosoph Plato berichtet und das er dem großen Sokrates in den Mund gelegt hat: Daß das Gute mit dem Bösen, das Angenehme mit dem Unangenehmen und das Nützliche mit dem Schädlichen untrennbar verbunden sei.

Was ist eigentlich Gift? Fragen Sie einen eingeschworenen Abstinenzler! Er wird als das Gift aller Gifte den Alkohol brandmarken und ihn als Feind Nr. 1 der Menschheit bezeichnen.

Fast alles kann Gift sein, wenn es im Übermaß dem Körper einverleibt wird. Andererseits sind die in die höchste Giftklasse eingereihten Substanzen harmlos, wenn sie nur in hinreichender Verdünnung genommen werden. Schon Paracelsus (Bombastus von Hohenheim), der berühmteste Arzt des beginnenden 16. Jahrhunderts, lehrte, daß allein die Menge (Dosis) es ausmache, ob eine Substanz Gift oder kein Gift sei.

Der Alkohol

So sind mithin der Alkohol und alkoholhaltige Getränke nur dann als schädliche Gifte zu bewerten, wenn sie im Übermaß konsumiert werden. Sie sind aber harmlos, ja, sie können nützlich und sogar gesundheitsfördernd sein, wenn sie im rechten Maß und bei entsprechender Gelegenheit genossen werden.

Von diesen guten und schlechten Eigenschaften des Alkohols soll hier die Rede sein. In einer 7/10-l-Flasche sind je nach Sorte und Jahrgang 50–60 g, in Spätlesen bis zu 70 g Alkohol enthalten. In mäßiger Menge fördert er die Durchblutung der Haut und der Schleimhäute, die Atmung und der Kreislauf werden angeregt, desgleichen die Absonderung (Sekretion) des Magen- und Darmsaftes. Die Bewegung (Motorik) der Magenmuskulatur, das heißt die Verdauung wird gefördert. Alkohol beflügelt das Denken, beseitigt seelische Hemmungen und löst Komplexe.

Dagegen kommt es nach übermäßigem Alkoholgenuß zu deutlichen Schädigungen: Die Verdauung, die zuvor gefördert worden war, wird nun gehemmt, die Absonderung von Magensaft erliegt, und es erfolgt unter Umständen eine Umkehr der Bewegungen der Magenmuskulatur, das heißt, der Magen befördert seinen Inhalt statt abwärts in den Darm wieder zurück in die Speiseröhre, es kommt zum Erbrechen. Die Atmung wird oberflächlicher, der Kreislauf schwächer, und die Wärmeregulation des Körpers wird gestört. Durch übermäßige Wärmeabgabe über die gerötete Haut kommt es zur Unterkühlung, und Betrunkene können bei Temperaturen erfrieren, die weit über dem Gefrierpunkt liegen.

Besonders empfindlich reagiert das Gehirn auf zu große Alkoholmengen: Nachdem zunächst das Denken angeregt und beflügelt wurde, wird es nun gehemmt. Es kommt zu Wiederholungen der gleichen oder doch ähnlicher Sätze (Perseveration) und schließlich zur Einstellung jeder geistigen Tätigkeit: der Betroffene schläft ein. Daher geht nach übermäßigem Alkoholgenuß die Fahrtüchtigkeit verloren; jegliche vernünftige und exakte Arbeit wird unmöglich, da das Reaktionsvermögen herabgesetzt ist.

Die Kalorien

Älteren fällt es schwer, sich an die modernen »Joulchen« zu gewöhnen, aber es ist leicht umzurechnen: 1 Kalorie = 4,17 Joule.

Der über Magen und Darm aufgenommene Alkohol erscheint sehr schnell im Blut, welches durch die normalen Stoffwechselvorgänge an sich einen geringen Alkoholanteil (Spiegel) besitzt, nämlich 0,02 bis 0,05 Promille. Dieser Alkohol wird im Stoffwechsel des Körpers zu Wasser und Kohlensäure abgebrannt und liefert dabei je Gramm 7 Kalorien Wärme bzw. Energie. Dies ist beträchtlich viel, wenn man bedenkt, daß Kohlenhydrate (Zucker und Stärke) sowie Eiweiß nur 4,1, Fette 9,3 Kalorien je Gramm abgeben. So könnte man leicht auf die Idee kommen, die Energieversorgung des Körpers mit Alkohol sei besonders günstig, zumal er keine Verdauungsarbeit benötigt. Aber das ist ein Irrtum, denn Alkohol wird im Körper bevorzugt in Wärme umgewandelt, und bereits bei einem Blutalkoholspiegel von 0,6 bis 0,8 ‰ beginnt bei den meisten Menschen die Umkehr der nützlichen Wirkung zum Schaden. Bei mehr als 3 ‰ sprechen wir von Volltrunkenheit. Verkehrsteilnehmer müssen die gesetzlichen Regelungen beachten. Bei einem mittelgroßen, gesunden und kräftigen Erwachsenen verursacht eine halbe Flasche eines mittelschweren Weines einen Anstieg des Blutalkohols um rund 0,5 ‰ innerhalb einer Stunde, er fällt dann aber wieder in jeder weiteren Stunde um 0,1 bis 0,15 ‰ ab, vorausgesetzt, daß nicht weitergetrunken wird. Eine Normalflasche dürfte im Laufe eines Abends für die meisten Menschen die Menge sein, die ohne Störung vertragen wird, es dürfte dabei zu einem Blutalkoholspiegel bis etwa 1 ‰ kommen, wobei rund 500 Kalorien aufgenommen werden. Selbstverständlich gibt es Menschen, die weit mehr vertragen, aber ebenso solche, die empfindlicher reagieren.

Alkoholverbot bei Krankheiten

Völlig anders verhält es sich nun mit der Verträglichkeit alkoholischer Getränke bei Kranken. Ohne Zweifel gibt es Krankheiten, bei denen Alkoholika und insbesondere Wein als Arznei wirken. Doch über die Heilkraft des Weines später mehr. Hier muß noch auf die Krankheiten hingewiesen werden, bei denen Wein entweder nur mit Vorsicht genossen werden darf oder sogar völlig gemieden werden muß. Man kann nicht oft genug auf diese »Kontraindikationen« hinweisen. Immer wieder hört man, hier oder dort habe sich einer »totgesoffen«, doch meistens trifft das so gar nicht zu. Denn zu tödlichen Alkoholvergiftungen gehören Blutspiegel von 3,3 bis 7,7 ‰ l, und dazu braucht man Weinbrand oder Schnaps; Wein würde ebenso wie Bier eher zu einer Schädigung durch die große Flüssigkeitsmenge führen. Der Betroffene litt höchstwahrscheinlich an einer der Krankheiten, die durch Alkoholkonsum verschlimmert werden und schließlich zum Tode führen. Unter diesen ist am bekanntesten die Leberschrumpfung, die gefürchtete Leberzirrhose. Sie führt unweigerlich zum Tod, wenn der Patient auch nur geringe Mengen Alkohol, einerlei in welcher Form, zu sich nimmt.

Es gibt eine alkoholische Fettleber, die entsteht, wenn zu größeren Mengen alkoholischer Getränke nichts gegessen wird – darum wird Wein viel besser vertragen, wenn man etwas dazu ißt. Daß aus einer Fettleber eine Leberschrumpfung werden könnte, ist lediglich eine Vermutung. Bei Abstinenz ist eine Fettleber heilbar.

Anders jedoch die infektiöse Leberentzündung (Hepatitis), die gegen Alkohol ebenso empfindlich ist wie die Schrumpfleber und die meist in die tödliche Zirrhose übergeht, wenn der Patient sich nicht strengstens vom Alkohol fernhält. Da auch zur Behandlung der Fett-

leber ein zeitweiliger Verzicht auf Alkohol nötig ist, so können wir uns ganz einfach merken: Bei allen Lebererkrankungen gilt Alkoholverbot, solange die Lebertests nicht wieder in Ordnung sind; selbst bei Normalisierung muß der behandelnde Arzt für den speziellen Fall entscheiden, ob und wieviel und welche Art von Alkohol genehmigt werden kann.
Weiterhin sind bei Gehirnkrankheiten, besonders bei Epilepsie und ebenso bei Psychopathie, Alkoholika völlig zu meiden. Das gleiche gilt für persönliche Überempfindlichkeit gegen Alkohol (Allergie). Vorsicht ist geboten bei Nervenentzündungen (Neuritis), deren Schmerzen oft nicht gebessert, sondern verschlimmert werden. Desgleichen sollte bei Nierenerkrankungen von Fall zu Fall entschieden werden, da möglicherweise die Eiweiß-Ausscheidung verstärkt und damit der Körper unnötig geschwächt wird. Weitere Unverträglichkeiten bestehen bei Überfunktion der Schilddrüse (Hyperthyreose) und besonders ihrer schlimmsten Form, der Basedowschen Erkrankung, sowie bei Erkrankungen der Bauchspeicheldrüse (Pankreatitis). Auch Jugendliche, werdende und stillende Mütter sollten Enthaltsamkeit üben und lieber Süßmoste trinken.

Fruchtsäuren gegen Herzinfarkt?

Vor einiger Zeit brachte die angesehene englische Ärztezeitschrift »Lancet« eine Abhandlung einer Ärztegruppe über Nachforschungen, die sie über den Zusammenhang tödlicher Herzkrankheiten mit dem Weinverbrauch erstellt hatte. Ein Vergleich, der 18 verschiedene Länder erfaßte, stellte fest, daß Erkrankungen der Herzkranzgefäße (Koronar-Leiden) und dadurch verursachte Todesfälle um so seltener auftraten, je mehr Wein getrunken wurde. Wenn die Amerikaner aus diesen Feststellungen den Schluß gezogen haben, in verstärktem Maße deutsche Weine zu impor-

tieren, so kann man sie dazu nur beglückwünschen, denn wir wissen schon lange, daß Personen, die mäßig, aber regelmäßig guten Wein trinken, älter als der Durchschnitt der Bevölkerung werden.
Verkalkungen der Schlagadern (Arteriosklerose) sind bei Weintrinkern selten, und so ist es also nicht verwunderlich, wenn auch die Koronarsklerose, als Hauptursache des Herzinfarktes, bei Weintrinkern seltener vorkommt. Die angelsächsischen Autoren glauben nicht, daß diese Schutzwirkung dem Alkohol zuzuschreiben sei, vielmehr vermuten sie einen anderen Inhaltsstoff, der durch weitere Forschung noch identifiziert werden müsse.
Hier in Deutschland neigte man dazu, in den Fruchtsäuren des Weines diesen Wirkstoff zu sehen. Aber es bleibt abzuwarten, was weitere Forschungen ergeben. Fest steht, daß die sonstigen Inhaltsstoffe des Weines eine mindestens ebenso große gesundheitliche Bedeutung haben wie der Alkohol. Diese nicht-alkoholischen Inhaltsstoffe setzen sich vielfach zusammen: aus dem Bukett (Duftstoffe) und vereinzelten flüchtigen Säuren, die beim Destillieren entweichen; im wesentlichen jedoch aus dem sogenannten Extrakt, der einerseits aus unvergorenen, aber vergärbaren Zuckern besteht, andererseits aus dem sogenannten zuckerfreien Extrakt, von welchem mindestens 17,5 g im Liter vorhanden sein sollten. Zu letzterem gehören die schon genannten Fruchtsäuren (5–10 g/l), fernerhin Glycerin (5–10 g/l), sonstige höhere Alkohole und nicht vergärbare Zuckerarten (Pentosen) sowie Vitamine, Gerb- und Farbstoffe, Stickstoffverbindungen (Eiweiß- und Eiweißabbauprodukte), die aber alle nur in geringer Menge vorhanden sind. Schließlich sind noch die nicht verbrennbaren Mineralstoffe zu erwähnen, die sogenannte Asche, davon als Hauptanteil 1–2 g/l Kalium. Das Kalium hat nun eine besondere Bedeutung für die Gesundheit; es ist ein lebensnotwendiges Mineral. Zur

Gesunderhaltung von Herz und Blutflüssigkeit (Serum) ist es zusammen mit einer Reihe von anderen in viel geringerer Menge benötigten Mineralstoffen, den sogenannten Spurenelementen, als »Elektrolyt« unabdingbar. Herzversagen, Wasseransammlungen (Oedeme), Störungen der Nerven- und Drüsenfunktion, mangelhafte Tätigkeit der Nieren und Brüchigwerden der Knochen sind die auffallendsten Symptome bei Mineralstoffmangel. Aber nicht nur das wichtigste dieser Mineralien, das Kalium, sondern auch alle diese »Spurenelemente«, ich nenne noch Kalzium und Magnesium, sind im Wein enthalten (wie sie überhaupt vorwiegend in pflanzlichen Produkten vorkommen). Fruchtsäuren bedingen eine schlechte Verträglichkeit für Leute mit Magen-, Speiseröhre- und Darmkrankheiten. Diese Personen sollten deshalb mit Weißwein vorsichtig sein; sie vertragen eher Rosé- oder Rotweine, auch die in Südbaden angebaute Gutedeltraube ist bekömmlicher, da ihr Säuregehalt geringer ist. Daß Wein eine Schutzwirkung gegen ansteckende Krankheiten hat, war schon im Altertum bekannt. So ließ Caesar seinen Truppen Wein verabreichen, wenn Seuchen drohten, und die römischen Wundärzte behandelten eiternde Verletzungen mit Weinumschlägen. Eine bakterienhemmende und abtötende Wirkung des Weines gilt heute als erwiesen; dieser Effekt entspricht nicht etwa einer Desinfektion durch den vorhandenen Alkohol (dazu müßte der Alkoholgehalt wesentlich höher sein!), sondern dem Zusammenwirken des Alkohols mit den Fruchtsäuren und vielleicht noch einigen anderen nur in geringer Menge vorkommenden Inhaltsstoffen.

Roter oder weisser Wein?

Schon Wilhelm Busch stellte weise fest: Rotwein ist für alte Knaben eine von den besten Gaben.

Ältere Menschen haben im allgemeinen einen etwas höheren Mineral-(und Eiweiß-)Bedarf bei gleichzeitig herabgesetztem Fett- und Kohlenhydrat-Stoffwechsel. Fernerhin enthält der Rotwein außer dem vermehrten Anteil an Farbstoffen viele Gerbstoffe, die für seinen charakteristischen Geschmack verantwortlich sind. Diese entfalten eine gewisse Hemmwirkung im menschlichen Körper; sie verlangsamen die Resorption, indem sie den gesamten Magen-Darm-Trakt beruhigen. So werden Erregungs- und Übererregungszustände zunächst im »vegetativen« Nervensystem (das sind die unwillkürlichen Steuerungszentren der inneren Organe) abgebaut, und dann greift die Beruhigung auch auf das willkürliche Nervensystem über, die gesamte Person wird ruhiger und ausgeglichener. Weißwein hat eine anregende und manchmal auch aufregende Wirkung, Rotwein besänftigt.
Für Personen, die an Obstipation (Stuhlträgheit) leiden, ist Weißwein ratsamer. Anderen, die wegen Magen- und ähnlicher Leiden Weißwein schlecht vertragen, bekommt Rotwein besser. Soweit nicht aus früher genannten Gründen (Leber-, Nieren-, Nerven-, Schilddrüsenleiden usw.) Obstsäfte oder Süßmoste angezeigt sind, ist für die Rekonvaleszens, zur allgemeinen Kräftigung und bei chronischem Leiden Rotwein mit Ei und Traubenzucker hervorragend geeignet. Die Roséweine haben eine gewisse Mittelstellung zwischen Weiß und Rot, sowohl in der Erzeugung als auch in der Wirkung; sie gelten mit Recht als besonders leicht und gut verträglich.
Doch einem Irrtum muß ich noch entgegentreten, den man oft als Volksmeinung hört: Rotwein sei besonders gut für die Blutbildung. Gewiß ist sein Aschegehalt und damit die Menge seiner Spurenelemente etwas größer als bei Weißwein. Bei Blutarmut fehlen aber nicht Spuren, sondern größere Mengen bestimmter Stoffe, z. B. Eisen bei der sog. Eisenmangelanämie oder

Vitamin B 12 bei der sog. bösartigen Blutarmut, der Perniciosa. Die dabei zur Heilung benötigten Mengen finden sich weder im Weiß- noch im Rotwein. Hier helfen nur vom Arzt nach genauer Diagnose verordnete Medikamente.

Zuckerkrankheit und Wein

Die Zuckerkrankheit, der Diabetes mellitus, ist zu einer Volkskrankheit geworden. In den Nachkriegsjahren war höchstens 1 % der Bevölkerung befallen. Verschiedene Ursachen werden für diese Zunahmen verantwortlich gemacht und diskutiert.
Wichtig für die Erkrankten ist, daß die Behandlungsaussichten ebenso gestiegen sind, wie die Häufigkeit der Krankheit zugenommen hat. Noch vor 50 Jahren bedeutete die Diagnose »Zucker« ein Todesurteil, denn der Erkrankte hatte kaum noch mehr als fünf Jahre zu leben, heute sterben nur wenige daran. Die meisten Diabetiker werden inzwischen so alt, daß sie noch von Alterskrankheiten heimgesucht werden, die dann ihren Tod verursachen.
Diabetes ist allerdings bis heute nicht heilbar. Denn er beruht auf der ungenügenden Fähigkeit der erkrankten Bauchspeicheldrüse, das innerlich wirkende Sekret namens »Insulin« in ausreichender Menge absondern zu können.
Tabletten, die die Bauchspeicheldrüse zu stärkerer Tätigkeit anregen helfen nur bei leichten Fällen. Bei allen schwereren Formen muß das mangelnde oder völlig fehlende Insulin täglich – eventuell sogar mehrmals – eingespritzt werden. Damit ist aber die eigentliche Krankheit nicht geheilt, lediglich sind die Folgen des Insulinmangels behoben. Dabei hat es sich gezeigt, daß noch viel wichtiger als die äußerliche Zufuhr von Insulin oder von Tabletten die Einhaltung einer strengen Diät ist.

Wie schon der Name sagt, ist bei der Zuckerkrankheit der Zuckerstoffwechsel gestört. Während der Verdauung der Speisen im menschlichen (und ebenso im tierischen) Körper werden mit Hilfe der Speichel-, Magen- und Darmdrüsen die meisten Nahrungsstoffe bis zu einfachen Zuckern aufgespalten, soweit sie nicht schon als solche in der Nahrung vorliegen. Sie durchwandern die Darmwand und erscheinen im Blut, wo sie weitertransportiert und verarbeitet werden, aber speziell der Traubenzucker wird in der Leber als »Glykogen« (eine Art Stärke) gespeichert. Und genau diese Funktion ist durch den Mangel an Insulin gestört. Die Folge ist, daß nach Aufnahme von Speisen, insbesondere von traubenzuckerhaltigen oder solchen, die zur Aufspaltung zu Traubenzucker fähig sind, der »Blutzuckerspiegel« – so nennt man den Gehalt des Blutes an Traubenzucker – unverträglich hoch ansteigt, wobei das Übermaß an Glukose von den Nieren ausgeschieden wird.

Das schlimme am »Zucker« ist also nicht seine Ausscheidung im Urin, sondern sein Verlust für den Körper: Der Zuckerkranke wird kraftlos. Die verschiedenen Organe können als Folge dieser Störungen erkranken, am meisten gefürchtet ist die »Retinitis diabetica«, die zur Erblindung führt.

Die für die Zuckerkranken geeignete Diät muß auf jeden Fall traubenzuckerhaltige Speisen meiden, fernerhin Speisen, die im Körper bei der Verdauung größere Mengen Traubenzucker rasch freisetzen. Andererseits benötigt der Körper ständige Zufuhr von Traubenzucker, da alle Organe, besonders Herz und Gehirn, sowie tätige Muskeln ständig Glukose verbrauchen. Sinkt der Blutzuckerspiegel, der normal zwischen 80 und 110 mg je 100 ml Blut liegt (Grenzwerte 75–120 mg/100 ml), unter 70 oder gar unter 60 mg/100 ml ab, so kommt es zu schweren und schwersten lebensbedrohlichen Erscheinungen, dem sog.

»hypoglykämischen Schock«. Hier ist sofortige Traubenzuckerzufuhr lebensnotwendig. So pendelt der Patient ständig zwischen zuwenig und zuviel Blutzukker. Im letzteren Fall droht das Koma, bei dem völlige Bewußtlosigkeit und dann der Tod eintritt, falls nicht rasch genug ärztliche Hilfe den Blutzucker senkt, der dabei Werte von 300–500 mg/100 ml angenommen haben kann.

Nun hat sich herausgestellt, daß durchgegorene = trockene Weine günstig auf die Zuckerkrankheit einwirken. Dem Körper werden Kalorien bzw. Joule zugeführt, ohne daß dadurch der Blutzucker steigen kann; denn trockener Wein enthält höchstens 5 g/l Traubenzucker. Die Restsüße des Weines besteht etwa je zur Hälfte aus Trauben- und Fruchtzucker, und in überreifen Trauben ist wesentlich mehr Fruchtzucker enthalten als Traubenzucker.

Dem Diabetiker kann daher ab und zu einmal ein Likörgläschen Auslese erlaubt werden, wenn er sich sehr schwach und elend fühlt und sein Blutzucker mehr zu niedrigen (Hypoglykämie) als zu hohen (Hyperglykämie) Werten neigt.

Wenn ein Diabetiker mal an Stelle eines exakt deklarierten Diabetiker-Weines (weniger als 4 g/l Restsüße) einen nur als »trocken« bezeichneten Wein trinkt, sollte man es nicht zu streng nehmen; Hauptsache ist, daß er nicht zu viel trinkt. Eine halbe 7/10-Flasche dürfte für die nicht allzu schweren Fälle von Zuckerkrankheit noch verträglich sein. Es ist ratsam, daß der Patient diese Frage mit seinem behandelnden Arzt bespricht.

Die Pedanterie, die bis zu Zehntelgramm genaue Angaben der Kohlenhydrate auf dem Rückenetikett der Weinflaschen fordert, ist übertrieben. Als Begründung folgende Überlegung: Üblicherweise wiegt der Diabetiker seine Brotration auf einer Küchen- oder Briefwaage ab, deren Genauigkeit sich aber nur auf ganze Gramm bezieht. Jede genauere Angabe oder

Berechnung muß daher als sinnlos erscheinen, denn ein Brotkrümel mehr oder weniger, das der Zuckerkranke zu sich nimmt oder nicht, ergibt eine größere Menge an Glukose, als es eine Dezimalstelle hinter dem Komma in den Angaben auf dem Rückenetikett des Diabetikerweines ergeben würde. Nach meiner Erfahrung ist die Verträglichkeit von Weinen mit nicht mehr als 10 g/l Restsüße gleich zu bewerten wie die von Weinen, die auf Zehntel Gramm als echte »Diabetiker-Weine« deklariert sind. Notfalls gibt es ein einfaches Hilfsmittel für den Zuckerkranken, einen ihm vorgesetzten Wein selbst auf Verträglichkeit zu prüfen: Die Teststreifen, mit denen Diabetiker ihren Urin kontrollieren, ermöglichen auch eine grobe Beurteilung der Weine. Verfärbt sich der Streifen

gelb oder gelbgrün	= für Diabetiker geeignet
grün	= an der Grenze – Vorsicht
blaugrün oder blau	= für Diabetiker ungeeignet.

Die Teststreifen zeigen lediglich an, ob unvergorene Glukose vorhanden ist, nicht aber, ob diese aus Trauben oder aus Zuckerrüben stammt.

Federweisser

Es ist allgemein bekannt, daß Traubenmost – und ebenso alle Fruchtsäfte – in Gärung kommen, wenn sie ohne Konservierungsmaßnahmen in einem ausreichend warmen Raum stehen. Auch weiß man, daß diese Gärung durch mikroskopisch kleine Pilze, sogenannte Hefezellen (Saccaromyces), verursacht wird und daß diese Lebenwesen den Zucker des Mostes in Alkohol und Kohlensäure umwandeln. Aber nicht nur dies ist das Werk der Hefe, auch eine Reihe sonstiger Inhaltsstoffe wird gebildet, z. B. das schon erwähnte Glycerin. Auch Eiweiß- und Bukettstoffe (Ester, höhere Alkohole) usw. sind auf die Tätigkeit der Hefezellen zurückzuführen, zumindest werden sie in ihrer chemischen Konstitution so umgebildet, daß sie den typischen Geschmack und Geruch entwickeln. Solange die Hefe noch im gärenden Most lebt und arbeitet, ist sie von besonderer Bedeutung für unsere menschliche Gesundheit. Der »Federweiße«, auch Rauscher oder Sauser genannt, ist eine Aufschwemmung von Millionen und aber Millionen lebender hochaktiver Hefezellen, die ihre reinigende und aktivierende Tätigkeit keineswegs einstellen, wenn sie in den Verdauungsorganen des Menschen landen, sondern dort ihre segensreiche Arbeit fortsetzen. Man sollte es nicht als »Durchfall« bezeichnen, wenn der Stuhlgang nach Genuß von Federweißem flotter wird, vielmehr wurde der Darm ausgeputzt und gereinigt, so daß die immer noch lebenden Hefezellen die Darmwände durchdringen können. Sie nehmen nicht den gewöhnlichen Weg über Pfortader und Leber, sondern gelangen über die Lymphbahnen und den »Ductus thoracicus« in den Blutkreislauf. (Wird im Deutschen als »Milch-Brustgang« bezeichnet. Dieser Name ist so unglücklich, daß er das Verständnis seiner Funktion eher erschwert als verdeutlicht. Unter anderem ermöglicht er bestimmten Verdauungsprodukten eine Umgehung der Leber.) Dieser führt sie dann im ganzen Körper umher, wobei sie das Blut und die inneren Organe reinigen, indem sie sich mit Stoffwechselschlacken beladen. So sterben sie allmählich ab und werden dann in den Nieren ausgeschieden, ihre Reste erscheinen schließlich im Urin. Währenddessen haben sie aber auch Stoffe an den menschlichen Körper abgegeben, die sie selbst in großer Menge produzieren, nämlich Vitamine B_1 und B_2, beide zur Gesunderhaltung der Haut und des Nervensystems notwendig; sie verhüten die früher so gefürchteten Vitaminmangelkrankheiten Pellagra und Beri-Beri. So können wir gleichzeitig eine Blutreinigungskur und einen kräftigen Vitaminstoß (B) unserem Körper zukommen lassen, wenn wir im Herbst regelmäßig neuen Wein trinken. Manche Weinfreunde wollen nichts vom Federweißen wissen, sondern meinen, eine so trübe Flüssigkeit sei unappetitlich. Aber das ist ein Vorurteil.

Traubenkur

Zum Schluß noch ein paar Worte zur Traubenkur. Auch sie ist zur Stoffwechselentschlackung sehr empfehlenswert. Wird sie streng, das heißt ohne sonstige Beikost (nur 2 kg Trauben täglich) 2–3 Wochen lang durchgeführt, so ist damit eine weitgehende Umstellung vieler Stoffwechselvorgänge mit Normalisierung der Blut-(Serum-)Elektrolytwerte zu erreichen. Insbesondere kommt es zur Zunahme des Serum-Kalium-Spiegels bei gleichzeitiger Verringerung erhöhter Kalk-Ansammlungen. Vor allem aber wird das Körpergewicht drastisch gesenkt, und Wasseransammlungen (Oedeme) werden vorzüglich ausgeschwemmt. Und zu dieser sehr harten Diät darf – das sei zur Beruhigung gesagt – ab und zu ein Gläschen Wein getrunken werden.

Wein als Arznei

Zusammenfassend möchte ich noch einmal darauf hinweisen, wie der Genuß von Wein nicht nur in gesunden Tagen zur Freude und zum Wohlbefinden beitragen kann, sondern wie Wein auch bei Krankheiten – und bei welchen – als Arznei hilft oder doch zumindest die Wirkung der vom Arzt verordneten Medikamente unterstützt und fördert: Wir verweisen als erstes auf den allgemein günstigen Einfluß der Weißweine bei Kreislaufschwäche, zu niedrigem Blutdruck, Verdauungsschwäche durch Mangel an Magen- und Darmsaft sowie Darmträgheit. Daraus folgt, daß Weine mit ausreichender Säure und hohem

Alkoholgehalt verdauungsfördernd wirken und zur Vorbeugung gegen Verdauungsstörungen bei entsprechenden Anlässen getrunken werden sollten.
Hierzu geeignete Weine sind vor allem Riesling, Ruländer und Weißburgunder, aber auch Silvaner, der eine gewisse Mittelstellung einnimmt und als Universalwein bezeichnet werden kann.
Zum zweiten empfehlen sich bei Rekonvaleszenten, Asthenikern und sonstigen an Körperschwäche Leidenden vor allem Weine mit wenig Säure und niedrigem Alkoholgehalt, wobei eine Zugabe von Zucker und zerquirltem Ei vorteilhaft ist. Hierzu eignen sich Müller-Thurgau, Gutedel und Rosé.
Zum dritten sind Rotweine, besonders wenn es sich um trockene oder doch wenigstens halbtrockene Spätburgunder handelt, bei Magen-Darm-Katarrh und Durchfall angezeigt.
Viertens löst warmer Wein – neben Rotwein ist auch Weißwein geeignet –, in dem man Bienenhonig aufgelöst hat, Verkrampfungen (Spasmen) innerer Organe. So werden Brustbeklemmungen, einerlei ob vom Herzen oder von den Bronchien kommend, günstig beeinflußt. Auch bei Krämpfen im Bauchraum bringt warmer Wein mit oder ohne Honig oft Linderung.
Fünftens möchte ich nicht vergessen, die Wirkung von heißem, aber nicht kochendem Wein mit Honig und Zitrone zu erwähnen. Er lindert bei grippalen Infekten vorzüglich die Beschwerden; aber man sollte ihn nur nehmen, wenn man auch bereit ist, sich sofort ins Bett zu legen. Da es zu einer Erweiterung der Blutgefäße kommt, fühlt sich der Patient so warm, daß er sich erneut erkälten und unterkühlen würde. Aus einer solchen Unterkühlung könnte aber leicht eine Lungenentzündung entstehen.
Und sechstens bringen Auslesen und Beerenauslesen bei akuten Schwächezuständen (Kollaps) sofortige Hilfe. Ein Likörgläschen wirkt Wunder, der Arzt

spricht vom »Analeptikum«. Daß auch Diabetikern solch eine Köstlichkeit bei Schwächeanfällen erlaubt werden kann, wenn sie zu Hypoglykämie neigen, wurde schon erwähnt.

Essen und Trinken, Weinproben, Veranstaltungen

Die Weinlokale, Gast- und Winzerstuben an der großen und kleinen Bergstraße bieten in erster Linie die hier gewachsenen Weine an. Eine Reihe von Gaststätten haben eigenen Weinbau.

Der Anteil an offenen Schoppenweinen ist groß. Auf Lagen- und Sortenbezeichnung legt man auch bei diesen, nicht nur bei den Flaschenweinen, Wert. Der Ausschankwein, den man als »'n Halbe« oder »'n halbe Schoppen«» bestellt, wird im 0,2, teilweise auch 0,25 Liter fassenden Römerglas kredenzt. Wer erst probieren will, bestelle seinen Schoppen im »kleinen Römer« (0,1 Liter), mancherorts auch »Piff« genannt. Oft werden unterschiedliche Weinsorten in Römern, die in Farbe und Form differieren, angeboten.

Im Herbst wird die Zeit des »Federweißen« in Stadt und Land genutzt. Alle Gaststätten schenken ihn aus. Die Heppenheimer Gebiets-Winzergenossenschaft liefert ihn frisch vom Gärfaß. Zum Federweißen wird meist Zwiebelkuchen gereicht.

Zum Weinprobieren und Weingenießen eignen sich warme Mahlzeiten weniger, so daß in den Weinlokalen schmackhafte kalte Gerichte bereitgehalten werden. Beliebt sind als Vespermahlzeit Hausmacher Wurstplatten und Deftiges aus eigener Schlachtung. Der »Winzerteller« besteht aus einer Kombination von Wurst und Käse. Handfeste Hausmannskost bestimmt den Speisezettel in rustikalen Lokalen. »Schlachtfeste«, auf die entsprechende Hinweisschilder aufmerksam machen, finden fast wöchentlich statt.

In rund zwei Dutzend Winzer- und Kellerbetrieben mit eigenem Flaschenweinverkauf kann man den Wein vor dem Kauf probieren. Um sicherzugehen, daß man nicht vor geschlossenen Türen steht, ist vorherige Anmeldung ratsam.

Am 1. Mai haben Besucher die Möglichkeit, zwischen Heppenheim und Zwingenberg Spezialitäten aus insgesamt 14 Bergsträßer Einzellagen zu probieren. Neben Qualitäts- und Prädikatsweinen bis zu Spätlesen von Weiß-, Rosé- und Rotweinen werden auch exklusive Sekte angeboten. Kinder können ihren Durst mit alkoholfreien Getränken löschen. Für das leibliche Wohl stehen – solange der Vorrat reicht – Winzerbrötchen, geräucherte Bratwürste und Käse bereit.
Eine gute Ausschilderung (Weißer Römer) erlaubt individuelles Wandern, d. h. ein Start ist in Zwingenberg ebenso wie in Heppenheim möglich. Selbstverständlich kann man sich auch mit Teilstrecken begnügen. Die Weinprobierstände sind von 9 bis 18 Uhr geöffnet.
Jedes Jahr bieten die Jungwinzer einen besonderen Ansporn:
An den Weinständen sind kostenlose Wanderpässe erhältlich. Wer die Stempel von mindestens sechs Ständen vorweisen kann, nimmt an einer Verlosung wertvoller Preise teil.
Günstige Ausgangspunkte sind in Heppenheim der »Parkhof« (Zufahrt von der B 3 gegenüber dem Hotel »Halber Mond«), in Bensheim die Firma Euler (Richtung Bensheim-Zell/-Gronau) und in Zwingenberg der Parkplatz der Melibokus-Halle. Zwischen Heppenheim und Zwingenberg werden alle Bushaltestellen an der B 3 durch einen Buspendelverkehr miteinander verbunden, der einen Rücktransport an den Startort gewährleistet. Auch mit der Bundesbahn (Bahnlinie Frankfurt–Heidelberg) sind die Ausgangspunkte gut zu erreichen.

Nähere Auskünfte erteilen die Verkehrsbüros:

6148 Heppenheim, Großer Markt, Tel. 06252/ 13171

6140 Bensheim, Beauner Platz, Tel. 06251/ 14117

6144 Zwingenberg, Rathaus, Tel. 06252/ 700322

Verzeichnis der Weinberg-Lagen

Verzeichnis der Weinorte und ihrer Weinberg-Lagen

Quellenverzeichnis

Ambrosi, Hans: Weinlagen-Atlas mit Wein-Lexikon Deutschland. Bielefeld 1976.

Ambrosi, Hans/Breuer, Bernhard: Deutsche Vinothek Rheingau. Herford 1991.

Arnold, W.: Die wirtschaftlichen und sozialen Voraussetzungen des Weinbaus in Groß-Umstadt. Diplomarbeit in Wirtschaftspädagogik bei Prof. W. Lutz. Frankfurt/Main 1977.

Bensheimer Geschichtsblätter, 1. Jg. 1924.

Bronner, Jo. Ph.: Der Weinbau und die Weinbereitung an der Bergstraße. Heidelberg 1842.

Chelius, C./Vogel, Ch.: Erläuterungen zur geologischen Karte Blatt Gr.-Umstadt. Darmstadt 1894.

Der Odenwald: Heimatkundliche Zeitschrift des Breubergbundes Neustadt/Odw. 1968/Heft 3.

Ders.: Die Bergstraße von Jugenheim bis Auerbach. Zürich o. J.

Füßler, Gg.: Streifzüge durch die Umstädter Stadtgeschichte. Groß-Umstadt 1955.

Geipel, R.: Erdkunde, Sozialgeographie, Sozialkunde, Frankfurt/Main 1960.

Grimm, Albert Ludwig: Die malerischen und romantischen Stellen der Bergstraße in ihrer Vorzeit und Gegenwart. Darmstadt o. J. (ca. 1890 gedruckt).

Kirchenvorstand der Ev. Kirchengemeinde Gr.-Umstadt (Hrsg.): Bilder und Berichte zur Renovierung der Ev. Stadtkirche 1964–1969. Groß-Umstadt 1969.

Klausing, O.: Die naturräumlichen Einheiten auf Blatt 151. Darmstadt, Bad Godesberg 1967 (Geograph. Landesaufnahme der Bundesforschungsanstalt für Landeskunde und Raumordnung).

Kliewe, H.: Wein und Gesundheit. Neustadt/Weinstraße.

Kunz, R.: Heimatbuch der Gemeinde Alsbach. Alsbach 1970.

Mathes, R.: Neue Straßen – alte Gassen. Bensheim 1965.

Odenwälder Boten: Umstädter lokale Zeitung. Groß-Umstadt 14/1954.

Ortschroniken von Bensheim, Bickenbach, Zwingenberg.

Pasqué, Ernst: Der Erzählungen von der Bergstraße. Darmstadt 1885.

Schirmacher, E.: Groß-Umstadt – Stadtentwicklungsgutachten. Bad Soden 1971/72.

Schröder, Joh. Friedr.: Vom Weinbau in Viernheim in alter Zeit. Die Starkenburg 1926, Nr. 3.

Volk, Gg.: Sunndoag und Werkdoag. Stuttgart 1969.

Weber, H.: Der Landkreis Dieburg, eine landschaftskundliche Studie.

Groß-Umstadt 1967 (Hrsg.: Kreissparkasse des Landkreises Dieburg in Groß-Umstadt).

Zakosek, H./Kreutz, W./Becker, H./Schröder, E.: Die Standortkartierung der hessischen Weinbaugebiete. Wiesbaden 1967.
1200 Jahre Markt Heppenheim. Veröffentlichungen zur Geschichte der Stadt Heppenheim Band 3. 1973.
Festschrift: 1904–1979, 75 Jahre Bergstädter Gebiets-Winzergenossenschaft. Heppenheim 1979.
Kreis Bergstraße – Mosaik einer vielgestaltigen Landschaft. Heppenheim 1975.

Ungedruckte Quellen:
Staatsarchiv Darmstadt: Abt. E 10 F, Konv. 6, Fasz. 9 (Weinbau in der Landgrafschaft Hessen-Darmstadt).
Abt. C 4 Gerichtsbuch Heppenheim Nr. 1.
Abt. C 2 Salbuch Starkenburg Nr. 47b.
Archiv der Stadt Groß-Umstadt: Unveröffentlichte Untersuchungen über den Umstädter Weinbau durch Stadtarchivar Georg Brenner, o. J.

Karten:
Naturpark Bergstraße-Odenwald, Blatt Nordwest mit Wanderwegen, 1:50 000, vom Hess. Landesvermessungsamt
Wanderkarte Naturpark Bergstraße-Odenwald, Blatt 1, 1:50 000
Spazier- und Wanderwege, Vergrößerung 1:25 000 aus der topographischen Karte 1:50 000 mit Spazier- und Wanderwegen Bensheim-Auerbach-Zwingenberg, Hess. Landesvermessungsamt, Sonderdruck für die Stadtverwaltung Bensheim (auch von dort zu beziehen, 1. Auflage 1976).

Die Deutsche Vinothek

12 Bände als Begleiter zu den Weinberg-Lagen, Winzern und ihren Küchen

von den namhaften Weinfachleuten Hans Ambrosi und Bernhard Breuer konzipiert und herausgegeben, enthält in 12 Bänden eine vollständige Beschreibung aller deutschen Weinbaugebiete und ist mit ihrer Fülle an Informationen, Lagenskizzen, Illustrationen und nicht zuletzt den Hinweisen auf Winzerbetriebe, Gastronomie und Hotels ein unentbehrlicher touristischer Führer und Ratgeber mit Spezialauskünften über Rebsorten, Lagennamen, Böden, Klimaverhältnisse und den Charakter der vielfältigen deutschen Weine.

Die einzelnen Bände erscheinen in loser Reihenfolge, 1994 soll die Reihe abgeschlossen sein. Bitte fragen Sie Ihren Buchhändler.

Rheingau

Dieser Vinothekband mit der Präsentation der berühmten Weinberglagen von Lorch bis Frankfurt und der Beschreibung aller guten Weingüter »weckt – wie ein gutes Etikett – Lust und Vertrauen«. Er leistet dem Weinfreund unschätzbare Dienste als Wegweiser bei der Reise in das feinste der Weinbaugebiete.

Rheinhessen

Rheinhessen weckt nicht nur Erinnerungen an das Nibelungenlied und an »Mainz, wie es singt und lacht«. Tatsächlich ist es ein ideales Rebenland, das uns aufgrund einer erstaunlichen Bandbreite der Böden eine anderswo kaum erreichte Vielzahl der Rebsorten und eine Weinpalette mit unendlichen Geschmacksnuancen anbietet.

Rheinpfalz

Eine riesige Weinkelter ist die Rheinpfalz – diese sonnenreichste und ergiebigste Weinlandschaft Deutschlands, ein fast mediterranes Paradies, das sich in 80 Kilometer Länge beiderseits der Deutschen Weinstraße ausbreitet. Alles über diesen kosmopolitischen Weingarten in diesem Band.

Saale-Unstrut/Elbtal

Endlich haben wir auch wieder Zugang zu den Weinen Ostdeutschlands! Diese zwei Weinbaugebiete, Saale-Unstrut bei Leipzig und das Elbtal bei Dresden sind leicht überschaubar. Die beiden klimatisch geschützten Öko-Nischen mit Rebhängen und reizvoller Landschaft warten darauf, von Wein- und Kunstreisenden gleichermaßen entdeckt zu werden.

Württemberg

Mit Recht rühmen die kundigen Autoren des schwäbischen Vinothekbandes die Besonderheiten der Weinberge Württembergs in Stuttgart und im Neckartal, im Remstal, Bottwartal, Weinsberger Tal, Kocher-Jagst-Tal und im Taubergrund, von Hohenlohe, Heuchelberg und Stromberg. Ein Weinerlebnis ganz eigener Art.

Ahr

Experten von Rang schufen mit dem vinologischen Touristenführer für dieses schöne Tal eine unentbehrliche Quelle des Wein-Wissens über die Eigenart des Ahr-Weines – eine Einladung zum Besuch der Rotwein-Straße.

Baden

»Von der Sonne verwöhnt« – alles über den badischen Wein, über das Zusammenspiel von Klima, Böden, Reben und Kellerwirtschaft, eine einzigartige Charakterisierung des Weinlandes, seiner berühmten Weine und seiner Gastlichkeit.

Franken

Die fachkundige und mitreißende Beschreibung des Weinreiselandes Franken mit seinen Sehenswürdigkeiten, der Bocksbeutelstraße und der Weinwanderwege macht den Vinothekband Franken zum Genuß.

Hessische Bergstraße

»Hier fängt Deutschland an, Italien zu werden«, soll Kaiser Joseph II. ausgerufen haben. Dieses großartige Weinbuch über die Hessische Bergstraße einschließlich der »Odenwälder Weininsel« ist ein komplett informierender Begleiter.

Mittelrhein

Dies ist der Vinothekband über die romantische Landschaft zwischen Bingen und Königswinter, mit den Sehenswürdigkeiten entlang der Rheingold-Straße. Die Reiseempfehlungen und die Anlaufadressen für Weintrinker sind allein schon ihr Geld wert.

Mosel-Saar-Ruwer

Kenner, denen kein Keller an Mosel, Saar und Ruwer fremd ist, führen uns zu den Weinen, die Ernst Hornickel »Schmetterlinge des Bacchus« genannt hat. In diesem Band alle Informationen über Weinberglagen, Weinorte, gute Gastronomie und Hotels.

Nahe

Mit diesem Vinothekband entdecken wir einen weithin noch unerforschten Weingarten, eine unberührte Landschaft. Der Band informiert über historische, geologische, klimatische Besonderheiten, über Weinfeste und Probierstuben und über die Nahe-Weinstraße.

Legende der Piktogramme

■ Beschreibung der Weinberg-Lagen

- □ Hektargröße Weinberg
- ↑ Haupthimmelsrichtung
- / Hangneigung
- ∵ Rebsorte
- B Bodenart
- C Weincharakteristik
- L Großlagenzugehörigkeit

● Winzerbetriebe und Gutsschänken

- W Weinprobe
- K Kellerprobe
- G Gastronomie
- ☎ Telefon
- S Straußwirtschaft
- A Gutsausschank
- R Restaurant mit vorzüglicher Weinqualität
- O Öffnungszeiten
- Z Ruhetag
- P Parkmöglichkeit

▲ Übernachtungsmöglichkeiten

- *** gehobene Hotelklasse
- ** gutbürgerliche Übernachtungsmöglichkeit
- * einfache Übernachtungsmöglichkeit

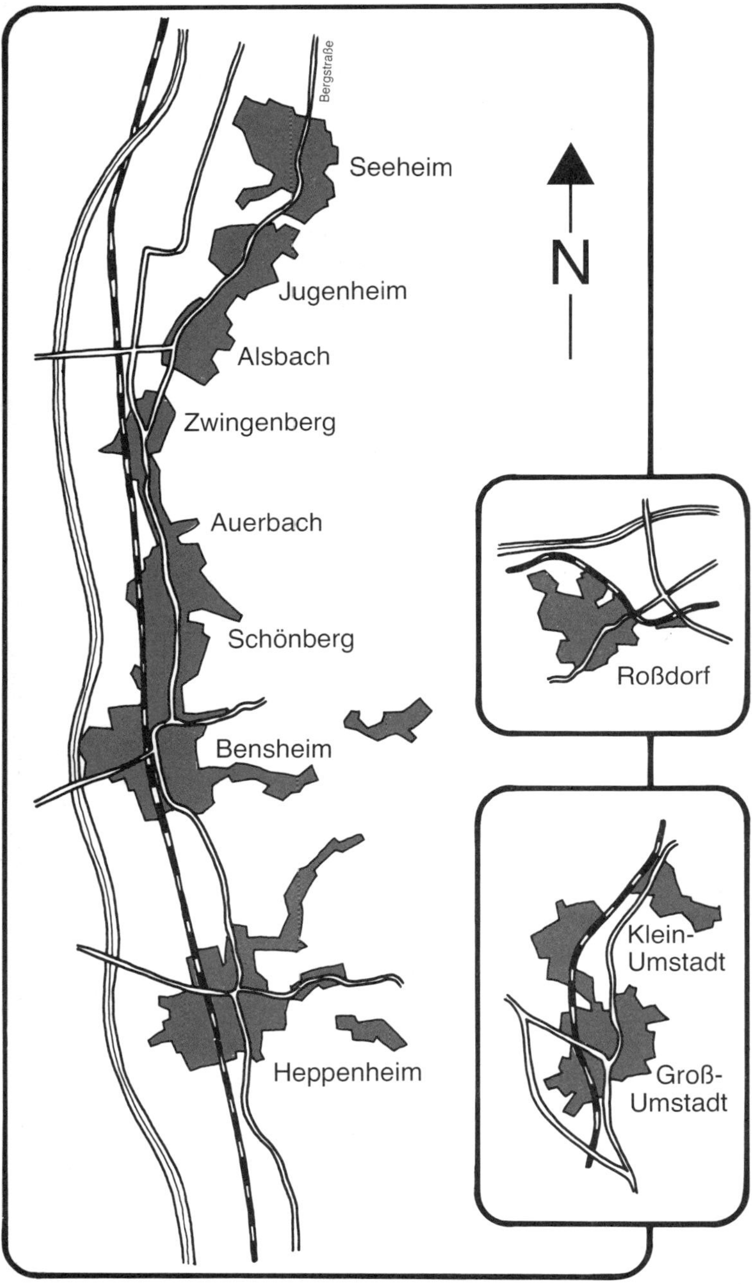

Bergstraße
Seeheim
N
Jugenheim
Alsbach
Zwingenberg
Auerbach
Schönberg
Bensheim
Heppenheim
Roßdorf
Klein-Umstadt
Groß-Umstadt